Ujué Agudo Díaz
Karlos g. Liberal

EL ALGORITMO PATERNALISTA

Cuando mande la inteligencia artificial

Ujué Agudo Díaz
Karlos g. Liberal

EL ALGORITMO PATERNALISTA
Cuando mande la inteligencia artificial

Prólogo: Diego Cenzano Cestafe

katakrak
liburuak

Título original: *El algoritmo paternalista. Cuando mande la inteligencia artificial.*

Autoría: Ujué Agudo Díaz y Karlos g. Liberal

Prólogo: Diego Cenzano Cestafe

Primera edición: noviembre de 2024

Diseño de portada: Koldo Atxaga Arnedo

Edición y maquetación: **Katakrak Liburuak**
Calle Mayor 54-56
31001 Iruñea-Pamplona
editorial@katakrak.net
www.katakrak.net
@katakrak54

Esta obra ha contado con una subvención del Gobierno de Navarra concedida a través de la convocatoria de Ayudas a la Edición del Departamento de Cultura, Deporte y Turismo/Lan honek Nafarroako Gobernuaren dirulaguntza bat izan du, Kultura eta Kirol Departamentuak egiten duen Argitalpenetarako Laguntzen deialdiaren bidez eman

ISBN: 978-84-16946-28-0
Depósito legal: NA 2697-2023
Impresión: Gráficas Alzate

ÍNDICE

NOTA DE LA EDITORIAL
DESPERTAR DE LA PESADILLA

El sueño de una red democrática
se ha poblado de agujeros negros.[1]

¿Es posible una tecnología algorítmica democrática? Los flujos de la realidad son tan rápidos y confusos en esta época global, hipertécnica y acelerada que no es fácil imaginarlo. El capitalismo, siempre en crisis, siempre en guerra, siempre recomponiéndose, se encuentra en una fase de concentración del poder a una escala sin precedentes. El ensamblaje entre grandes corporaciones privadas y máquinas algorítmicas alumbra una nueva era: el futuro ya está aquí.

El torbellino entre velocidad de computación, código privado y cajas negras resulta inaprensible; imposibilita el debate constructivo, lúcido y transparente. Los contornos de este modelo de acumulación asoman distópicos, a pesar de las ensoñaciones que alimenta el galope del progreso prometéico. Un oscuro código fuen-

---

[1] Sánchez Cedillo, Raúl, *Esta guerra no termina en Ucrania*, Pamplona, Katakrak, 2022.

te se oculta tras las bambalinas de la fantasía digital, el ADN de una tecnoprecariedad que permea ecosistemas, metrópolis y epidermis.

El aceleracionismo y el solucionismo tecnológico propagan *zonas de agotamiento* en el sur global,[2] entornos humana y materialmente envenenados, tras siglos de extractivismo, intensificado ahora con la nueva minería de materiales. Los territorios teóricamente en perpetuo enriquecimiento tampoco se libran. Aquí el estrés y las enfermedades, cuando no la devastación psíquica, son resultado de las estructuras de disciplinamiento y control social, la negación del bienestar y los algoritmos. El empobrecimiento, la pérdida de poder adquisitivo, la incapacidad para la reproducción de la vida, obedecen a una derrota histórica del trabajo. Porque la economía digital, como bien señalan Ujué Agudo Díaz y Karlos g. Liberal, está acelerando los flujos del capital, pero no equilibra la distribución de la riqueza ni aumenta las rentas de las clases subalternas.

•••

La primera condición de la producción digital es la toxicidad. La economía tecnológica es tóxica para quienes extraen metales pesados y tierras raras en galerías subterráneas; para los cuerpos que montan componentes en las cadenas de suministro y montaje globales, y en los tramos de valor inferiores de las gigantescas empresas de software. Un océano de bits precarizante, colonial y extractivista lo cubre todo, gobernado por masculinidades tóxicas hechas a si mismas desde la primera mina de diamantes familiar que

---

2   Precarity Lab, *Cuerpos, pantallas y precariedad*, Pamplona, Katakrak, 2020.

tuvieron que sacar adelante, y que sueñan con colonias en Marte gestionadas por superhombres blancos, ricos y sanos.

Como señalan los autores, el cinismo nihilista afirma que los osos polares se están ahogando y que no hay nada que podamos hacer al respecto. Sin embargo, sabemos que esa es una mentira lacerante, del mismo tenor que la narrativa de un internet concebido por señores geniales que experimentaban de sol a sol en los garajes de sus adosados de la costa Oeste. Bien al contrario, lo sustancial fueron las sinergias entre centros de investigación (fundamentalmente financiados con dinero público), universidades y redes colaborativas (hackers y hacklabs). La capacidad de innovar y de crear nuevas maneras de utilizar las nuevas tecnologías tuvo más que ver con la cooperación activa y el conocimiento distribuido que con el encuentro aleatorio entre individualidades singulares.[3] Del mismo modo, la generación de las primeras infraestructuras digitales está más relacionada con la necesidad de optimizar recursos en los campus que con la transferencia de tecnología militar al terreno civil.

Además, ese relato falso escamotea el triple robo al común, a lo público, que acompaña la historia digital. Primero privatizando los cableados construidos con los presupuestos de las administraciones, que se vendieron a las empresas de telefonía. Después, cuando el capitalismo de las grandes plataformas vampirizó y monetizó las practicas surgidas desde el campo social (el movimiento antiglobalización como epítome), en un momento, a principios de siglo, en que el modelo de negocio digital capitalista estaba fracasando y había

---

3   Franco, Marta G., *Las redes son nuestras. Una historia popular de internet (y un mapa para volver a habitarla)*, Bilbao, Consonni, 2024.

explotado la burbuja puntocom. Fue entonces cuando se invirtieron los términos y las personas usuarias empezaron a trabajar para las multinacionales generando contenidos (Youtube, blogger, Twitter) e incorporando la marca personal como modelo de venta. Así se abrieron las grandes oportunidades para saquear el trabajo social, cercando los comunes digitales, habitualmente con nichos de negocio más relacionados con la ingeniería fiscal, la desregulación/explotación laboral o actividades de poco valor añadido (Uber, Airbnb) que con la innovación tecnológica. El tercer gran robo se está produciendo mientras lees este texto: el asalto que las fuerzas reaccionarias han llevado a cabo, con recursos económicos ingentes, para hacerse con el control de la comunicación cooperativa global para neutralizar la protesta e imponer su agenda.

•••

Tenemos que reivindicar la tradición digital emancipatoria que es el germen de una red abierta, distribuida y flexible. Ahí están WikiLeaks, Anonymous o Hacktivistas, pequeño muestrario de la lucha por la libertad en Internet, contra la censura y el paradigma falso de la escasez de bienes inmateriales.[4] Una ideología que se puede rastrear en el software libre, las licencias Creative Commons, la cultura hacker o el primer Internet 2.0. Lejos de nostalgias estériles, debemos abordar de nuevo las viejas hipótesis tecnopolíticas revolucionarias: ¿cómo repensar y (re)construir nuevas herramientas autónomas?, ¿desde donde empezar a levantar una infraestructura digital

---

4   Padilla, Margarita, *El kit de la lucha en internet*, Madrid, Traficantes de Sueños, 2012.

pública, más necesaria que nunca?, ¿cómo retomar la agenda por un código enteramente político, el software libre y la propiedad común al 100%?, ¿que programa político necesitamos para restringir el uso del algoritmo a las actividades sucias, peligrosas o aburridas? Pero, además de listas de correos, software, servidores, comunicación transmedia, o dni-email gratuito y universal, necesitamos nuevos imaginarios políticos para enunciar esos retos que todavía están sin nombrar. Y hay que hacerlo con honestidad y radicalidad. El voluntarismo, las buenas intenciones, los atajos o las causas mayores no son una alternativa: las pulsiones de muerte del capitalismo algorítmico nos retienen en un presente de pesadilla donde la autonomía y la libertad humanas son tendencialmente decrecientes.

En cualquier caso, y antes de ningún debate sobre alternativas, es necesario entender, sin lagunas y con claridad, precisamente lo que este libro destapa: qué hay detrás de esa perdida de libertad. A partir de los tres mecanismos de la tramoya digital (una automatización que arranca en las profundidades de la historia, las limitaciones cognitivas inherentes a nuestra especie y el marco ideológico del paternalismo libertario), *El algoritmo paternalista* desmenuza las modalidades de usurpación a nuestra autonomía ya en curso, y contextualiza la interacción humano-máquina en un devenir capitalista sin pasado ni futuro: el reverso tenebroso del eterno retorno de Nietzsche a un presente clausurado, un bucle bulímico de pasiones tristes.

Hay que comprender cómo hemos llegado hasta aquí, antes de ponernos manos a la obra para cambiarlo todo. Este texto sirve para eso.

PRÓLOGO

Hace más de 30 años, Internet surgió como una vía de comunicación global y efectiva: eliminó intermediarios y ensanchó nuestra visión del mundo. Desde dicha época de iniciación y precariedad tecnológica hasta los tiempos actuales, paso a paso, en ocasiones casi sin darnos cuenta, la tecnología digital ha transcendido su gran relevancia como medio de comunicación e información universal para transformarse en un complejo entramado de tecnologías, algoritmos y aplicaciones. Ahora es una realidad en manos de unas pocas compañías privadas que se han convertido en los nuevos e inevitables intermediarios que nos acompañan en cada vez más contextos y situaciones vitales. Misteriosamente, nuestra quimera inicial, basada precisamente en la desintermediación, se ha esfumado y queda por clarificar cómo ha ocurrido de forma tan rápida y profunda.

Redes sociales, aplicaciones de citas, publicidad y comercio electrónico personalizado, navegadores que nos indican las mejores rutas, alojamientos y restaurantes cuando viajamos... El número de herramientas que nos ayudan a desenvolvernos en nuestro día a día han adquirido un peso inimaginable. Y, prácticamente todas ellas, se apoyan en una filosofía y marco tecnológico común basados en la recomendación y filtrado, gracias a algoritmos sofisticados que cada vez saben más de cada uno de nosotros y que, como consecuencia, ganan más y más relevancia en nuestras vidas.

En ocasiones diremos que todas estas herramientas y su capacidad de «aprender» sobre quiénes somos, lo que nos gusta y nos interesa, tienen un claro efecto positivo. No en vano, nos asisten en nuestro día a día, nos facilitan información relevante en nuestra vida personal y profesional. Son un gran apoyo en la toma de decisiones, en un contexto económico y social donde todo se mueve a una velocidad de vértigo, y donde la eficiencia es clave para mantenernos en pie y no ser superados por el entorno. En paralelo, nos inquieta su capacidad de influir, de ofrecernos un conjunto de opciones limitadas u ordenadas bajo unos criterios que no están claros, sea a la hora de comprar un producto, cuando queremos conocer gente nueva o para entender qué está pasando en el mundo que nos rodea.

Durante décadas, la ciencia ha avanzado e identificado algunas claves muy relevantes sobre el comportamiento humano y la naturaleza de nuestras decisiones. Admitámoslo, tomar decisiones no siempre es fácil a pesar de que, cada día, tomemos miles de ellas. Nuestro miedo a equivocarnos nos condiciona, nos ralentiza, nos atenaza en muchas ocasiones. Y si, además, la ciencia nos dice que no somos buenos a la hora de decidirnos, que nos puede la irracionalidad o que, simplemente, nos falta información o delegamos excesivamente en la intuición... el vértigo aumenta.

Aquí se abre un campo interesante y de gran potencial para el progreso que, como en otras muchas ocasiones, aprovecha sin apenas concesiones las vulnerabilidades humanas. En dicho escenario, las personas nos vemos necesitadas de asistencia, de apoyo para decidir más rápido y mejor. Nuestro entorno laboral nos exige ganar en competitividad. Nuestro ámbito privado nos apremia a disfrutar de la vida sin concesiones y muchas marcas ponen el foco en mediar en todo ello para lograr el mayor beneficio.

Simple, directo y, lo más preocupante, aparentemente inevitable.

Ante este escenario, el libro de Ujué y Karlos se convierte en una lectura fundamental. Los autores reúnen tres fuentes de información y experiencia esenciales para entender este contexto y sus profundas consecuencias en nuestra vida. Por un lado, han vivido la revolución digital casi desde sus inicios, lo que les ha permitido tener un conocimiento profundo de cómo funciona la tecnología relevante en este gran cambio, así como suficiente perspectiva respecto de su evolución y momentos más relevantes. Por otro, llevan años experimentando con el diseño de aplicaciones, artefactos y contenidos digitales basados en la persuasión, orientados a que las personas tomen decisiones dentro de un contexto de uso concreto, con unas normas en ocasiones predefinidas y que irremediablemente limitan su margen de actuación. Por último, su apuesta por la investigación los ha llevado a tomar conciencia del profundo efecto que la digitalización está causando y cómo, desde el ámbito científico, sus consecuencias tienen una estrecha relación con lo que se sabe sobre el comportamiento humano y la toma de decisiones.

Los autores descubren y describen cómo el progreso ha acelerado su avance poniendo en duda la racionalidad humana para sustituirla por la automatización. Y explican algo decisivo y preocupante: cómo dicho progreso basa una parte muy relevante de su energía en el denominado paternalismo libertario. Esta corriente de pensamiento tiene como objetivo redirigir el comportamiento irracional de los humanos hacia lugares que todavía desconocemos...aunque, de momento, no tenemos motivos para ser demasiado optimistas.

Diego Cenzano Cestafe
Pamplona-Iruñea, noviembre de 2024

INTRODUCCIÓN

El porcentaje de procesos vitales que hemos automatizado es tan elevado (tanto a nivel individual como colectivo) que, de forma inconsciente, terminamos delegando gran parte de nuestras decisiones en la tecnología, bien sea en formato de algoritmos, bien a través de inteligencia artificial. Los algoritmos nos recomiendan música o películas; validan o rechazan nuestra candidatura cuando participamos en procesos de selección de personal; determinan qué personas vulnerables son aptas para recibir una ayuda pública; evalúan nuestro barrio a la hora de implantar modelos de vigilancia policial preventiva; predicen si volveremos a reincidir en caso de cometer un delito... O advierten de nuestra peligrosidad al atravesar una frontera. Deciden en cuestiones que van desde la banalidad del ocio, a la propia supervivencia. En un marco jurídico y político occidental, donde la libertad y la capacidad de decisión resultan valores en sí mismos, ¿por qué accedemos a delegar nuestra toma de decisiones en sistemas automáticos?

La respuesta no es sencilla. Por un lado, fruto del proceso evolutivo de la industrialización y la automatización, llevamos siglos idealizando las posibilidades de la tecnología, aspirando a que nos reemplace en tareas indeseables para poder dedicarnos a cuestiones más elevadas y menos alienantes. En el afán solucionista por delegar en la automatización no solo las tareas *non-gratas* sino la resolución de problemas de toda índole, hemos llegado a aceptar, implícita o explícitamente, que los algoritmos de inteligencia artificial pueden tomar decisiones mejores que las nuestras. Su incuestionable capacidad de procesamiento, su teórica objetividad y, en suma, una eficacia supuestamente superior generarían decisiones más racionales y libres de sesgos.

Por otro lado, nuestra fe en la capacidad humana para tomar buenas decisiones se ha reducido considerablemente. En las últimas décadas, desde los campos de la psicología y la economía, se han acumulado evidencias que apuntan a que, a menudo, las personas tomamos decisiones alejadas de principios razonables; de forma sesgada incluso. En consecuencia, no es extraño que, buscando paliar esta tendencia humana a decidir de forma irracional, recientemente haya surgido una corriente conocida como paternalismo libertario. De gran peso en las políticas gubernamentales de países como EE.UU. y Reino Unido, su objetivo es reconducir este comportamiento irracional de las personas hacia las decisiones que deberían tomar si fueran verdaderamente racionales.

Así que, retomando la pregunta: ¿por qué hemos accedido a que estos sistemas automáticos, algoritmos, inteligencia artificial o similares, decidan en vez de las personas? En resumen, porque en esta etapa del capitalismo se ha producido la conexión entre dos vectores hasta ahora desvinculados: el anhelo solucionista de una tecnología que resuelva de una vez todos nuestros problemas (para lograr el control total); y la necesidad de reconducir la irracionalidad humana hacia decisiones adecuadas. Por supuesto, siempre con la garantía de que, frente a esta automatización y delegación, las personas tendremos la última palabra. O no (tal y como justificaremos en las siguientes páginas).

El paternalismo libertario

En los últimos años, el punto de partida teórico de la irracionalidad humana ha impulsado el nacimiento de una nueva área económica, cuya investigación acumula ya varios Premios Nóbel. Conocida como Economía del Comportamiento (*Behavioral Economics*), se centra en las capacidades (o limitaciones) psicológicas y contextuales de las personas a la hora de tomar decisiones, poniendo en entredicho su racionalidad, y asumiendo que el comportamiento humano, especialmente el que se produce en ámbitos económicos, es predecible y susceptible de modificarse.

La base teórica parte de las sólidas evidencias sobre los problemas que condicionan la toma de decisiones humana: las personas cometemos errores que nos gustaría evitar; somos impulsivas; tenemos una atención limitada; procrastinamos; sobrevaloramos el corto plazo; subestimamos los riesgos; procesamos la información de forma asimétrica; somos excesivamente optimistas; la propia enunciación de las cuestiones a las que nos enfrentamos condiciona nuestra manera de entenderlas y resolverlas; tenemos aversión a perder por encima del deseo de ganar; y, muy a menudo, nos movemos más por una heurística de los afectos que por los números. A partir del aterrizaje de estas teorías, el economista Richard Thaler y el abogado Cass Sunstein, ambos estadounidenses, proponen el término no exento de controversia de paternalismo libertario:[5] una estrategia política explícitamente orientada a intervenir sobre las decisiones de los ciudadanos, con el objetivo de obtener mayores cotas de bienestar individual y social.

El punto de partida es que las políticas públicas tienden a ser coercitivas. Por consiguiente, se propone que tanto administraciones como empresas con intereses privados ejerzan una influencia en el comportamiento de las personas mediante pequeñas intervenciones psicológicas y/o conductuales (empujones, *nudges*), respetando su libertad de elección. Ciertamente, siempre se ha intentado intervenir en el comportamiento humano de forma interesada, pero puede decirse que la propuesta provocó inquietud a nivel global.

Es en este contexto donde adquiere sentido el escándalo de Cambridge Analytica. Esta consultora política había recopilado millones de datos sobre intereses y *likes* de usuarios de Facebook mediante una aplicación que simulaba ser un inocuo test de personalidad. A partir del acceso a esos datos de usuarios y a los de sus «amigos» en Facebook, la consultora política generó una campaña publicitaria *online* dirigida a los que consideró «votantes más persuasibles» en los estados de Florida, Michigan, Wisconsin y Pensilvania. con el objetivo de favorecer el voto a Donald Trump en las elecciones de 2016.

---

5   Sunstein, Cass R. y Thaler, Richard H., «Libertarian Paternalism Is Not an Oxymoron», *University of Chicago Law Review* 70, num. 4, Chicago, The University of Chicago, 2003.

Para desacreditar a Hillary Clinton, la candidata opositora, se elaboraron piezas publicitarias y contenidos específicos que explotaban las reacciones instintivas de los votantes-objetivo seleccionados. Se pretendió influir en sus decisiones a través de la emoción, desplazando su capacidad de decisión racional a un segundo plano. Ejemplos de esa comunicación segmentada serían una cita de Hillary Clinton de 1996, enviada al grupo objetivo de los afroamericanos urbanos, en la que la candidata definía a los jóvenes varones de dicho colectivo como superdepredadores; y, por otro lado, los mensajes a mujeres jóvenes y blancas sobre su marido, Bill Clinton, en los que se le acusaba de ser un depredador sexual reincidente que no respetaba a las mujeres.[6]

A Cambridge Analytica se atribuyó gran parte del éxito electoral de Trump en las elecciones de 2016, y también un papel decisivo en la salida del Reino Unido de la Unión Europea. Su colaboración en la campaña Leave.EU del mismo año, donde también desarrolló una estrategia de mensajes *online* personalizados y dirigidos a grupos electorales concretos, resultó decisiva.

En realidad, la consultora llevaba años aplicando sus técnicas en procesos políticos de manera menos llamativa. Prueba de ello es su participación en las elecciones celebradas en Trinidad y Tobago en 2010, incitando a la abstención a una de las dos mayorías socioculturales del país: la afrotrinitaria. De nuevo a través de campañas de contenidos en redes sociales, se convenció a los jóvenes afrodescendientes para que no acudieran a las urnas, como muestra de rechazo

---

6   Campione, Chiara, *The Dark Nudge Era: Cambridge Analytica, Digital Manipulation in Politics, and the Fragmentation of Society* [Tesis Doctoral, Luiss Guido Carli], Roma, Luiss, 2020. https://tesi.luiss.it/id/eprint/26642

a la corrupción política del país. Esa acción permitió que el candidato indotrinitario ganara las elecciones, la contratación de Cambridge Analytica le fue muy provechosa.

En estas tres intervenciones políticas (acceso a la presidencia de Trump, Brexit y elecciones en Trinidad y Tobago), el perfil psicológico de los votantes a través de los datos obtenidos en redes sociales permitió a la consultora afinar sus mensajes, sus empujones, en función del objetivo. A pesar de que la estrategia fue ampliamente criticada cuando se hizo pública en 2018, se asumió como un hecho incuestionable (y muy apetecible) que las instituciones públicas y privadas pudieran influir sobre el comportamiento de las personas mediante intervenciones sencillas que atacaran a la emocionalidad de las personas y su comportamiento más automático, dejando en un segundo plano su capacidad racional para tomar decisiones. Un terreno perfecto para economistas del comportamiento y paternalistas libertarios.

La automatización tecnológica y el algoritmo paternalista

Sobre el papel, si en algún terreno puede el paternalismo libertario explotar su anhelo de intervención comportamental es en el ámbito tecnológico. Como mencionamos al inicio, la tecnología (algoritmo, inteligencia artificial o lo que se tercie) ya forma parte de muchas decisiones en nuestras vidas, automatizando procesos e influyendo sobre el resto de nuestra existencia.

La inteligencia artificial es una automatización tecnológica que, entre otras cosas, permite clasificar unos procesos (industriales, de consumo, sociales, íntimos) que cada vez son más complejos, están más interconectados y, en conjunto, resultan crecientemente difíciles de comprender, lo cual no quita para que cada vez estén más presentes en nuestro devenir cotidiano.

Cuando hablamos de algoritmos de inteligencia artificial, en la mayoría de los casos nos referimos al aprendizaje automático, el llamado *machine learning*. Se trata de un área del ámbito académico de la inteligencia artificial basada en un modelo tecnológico/matemático que emplea redes neuronales artificiales,[7] compuestas por una serie de capas con multitud de «neuronas» artificiales interconectadas entre sí (billones en muchos casos), y donde el algoritmo modifica el peso que otorga a las conexiones durante su aprendizaje, hasta determinar cuál es el valor más adecuado para lograr la mayor precisión en la resolución del problema que esté abordando. La automatización deviene en algoritmo, y la inteligencia artificial es una sofisticada caja negra que permite la automatización de procesos, desde la producción de bienes hasta la gestión de nuestra intimidad.

Esta inteligencia artificial, que condiciona una parte importante de nuestras decisiones cotidianas, genera grandes expectativas sobre su capacidad para facilitar la toma de decisiones, debido a las fantasías recurrentes que la idea de la automatización ha creado a lo largo de la historia. Sin embargo, la situación actual dista bastante de ese escenario de ensueño en el que la tecnología resuelve nuestra restringida idea de progreso. Más bien, las automatizaciones han deveni-

---

7   Liberal, Karlos g., «La responsabilidad de la predicción», *Medium,* 23 de mayo de 2019. https://medium.com/bikolabs/la-responsabilidad-de-la-predicción-56d17df04a98

do en poder omnímodo gracias a los algoritmos, con la música de fondo de un «mesiánico» solucionismo tecnológico, también conocido como ideología de Silicon Valley.

El solucionismo conduce al paternalismo y a aprovechar nuestras debilidades y limitaciones cognitivas, de modo que nuestro comportamiento es direccionado hacia decisiones supuestamente beneficiosas. Esta secuencia va calando poco a poco en nuestra forma de percibir el mundo, hasta el punto de que interiorizamos la petulancia de que los algoritmos nos conocerán mejor de lo que las personas mismas nos conocemos.

En ese sentido, el algoritmo paternalista, una forma de tecnología «inteligente» que se adelanta a nuestras decisiones, automatizándolas y mermando nuestra autonomía ha provocado el fenómeno «palabra de máquina» [*word-of-machine effect*]: el punto de inflexión donde la recomendación o predicción automatizada pasa a ser la referencia para tomar las decisiones, por encima del criterio humano.

De cómo somos Herzog en *Fitzcarraldo*, pero en vez de barcos alimentamos algoritmos inteligentes

El algoritmo paternalista se ha tornado pieza indispensable para automatizar el Realismo Capitalista[8] (del que hablaremos en el capítulo cinco) y, de paso, para apuntalar la idea de que no hay alternativas. Pero, ¿cómo opera ese realismo en el que se sitúan el algoritmo paternalista y el solucionismo tecnológico que lo valida? Nos sirve de analogía *Fitzcarraldo*, la película de culto de Werner Herzog de 1982, libremente basada

---

8   Fisher, Mark, *Realismo Capitalista: ¿No hay alternativa?*, Buenos Aires, Caja Negra, 2016.

en hechos reales: a finales del siglo XIX, un personaje de ambición comercial desatada, Carlos Fermín Fitzcarrald, descubrió en la selva amazónica el istmo que une los afluentes del Amazonas, Ucayali y Madre de Dios (que hoy lleva su nombre). El cauchero peruano en cuestión, descendiente de irlandés y sanluisiana, se embarcó en la absurda misión de construir un teatro de ópera en la ciudad selvática de Iquitos, empresa desmesurada a la medida de su megalomanía y de su peculiar lectura de la Ilustración. Para ello, y en el contexto de la fiebre del comercio del caucho, concibió la idea de trasladar un enorme barco de vapor a través del istmo, con la ayuda y explotación de indígenas amazónicos. Una hazaña que requirió esfuerzos sobrehumanos y disposición a enfrentarse a la naturaleza tan característica de la mentalidad colonial moderna.

Esta delirante historia fue la chispa que encendió la imaginación de Werner Herzog, cineasta tenaz cuya visión artística intransigente encontró el microcosmos perfecto para su discurso cinematográfico. Por ello, *Fitzcarraldo* es mucho más que una simple biografía; es la odisea metafórica que refleja esa obsesión prometeica masculina por alcanzar lo inalcanzable, tan del gusto de la industria cinematográfica de la época. El director, en una apuesta por la autenticidad y el rechazo a las convenciones, decidió llevar a cabo el proyecto en tiempo real, moviendo un barco de vapor de 320 toneladas a través de las colinas en la selva peruana sin recurrir a trucos cinematográficos (se usaron hasta tres embarcaciones). El rodaje, tanto o más absurdo y disparatado que la epopeya en la que se inspiraba, muestra una falta de límites que el propio Herzog reconocerá en *La conquista de lo inútil*, el libro donde describe las circunstancias extremas de la grabación. El equipo lidió durante dos años con toda clase de imprevistos y accidentes, sumados a los desvaríos, paranoias y brotes coléricos de Klaus Kinski, el actor principal.

Hoy somos Herzog creyéndonos Carlos Fermín Fitzcarrald, y si es necesario destruir el planeta para demostrar la superioridad de la máquina, del algoritmo inteligente, lo haremos. Hemos decidido crear una inmensa maquinaria subjetiva, tecnológica y política que, más que nunca, genera extractivismo en todas las direcciones. Dotar de razón al algoritmo quitándosela al ser humano, para que pueda formar parte de nuestra toma de decisiones, tiene un impacto directo en nuestras vidas, en nuestro planeta y en nuestra forma de entendernos.

1

CUANDO LA IDEA DE LA AUTOMATIZACIÓN ES UNA PROMESA QUE NO SIEMPRE LLEGA COMO SE LE ESPERA

Para entender cómo hemos delegado la responsabilidad de muchas decisiones en algoritmos de inteligencia artificial, con el impacto que ello tiene en nuestros días, es necesario volver al principio y revisar cómo estos algoritmos inteligentes forman parte del fenómeno de la automatización.

La automatización representa una de las facetas más relevantes de la historia de la humanidad. Para bien o para mal, ha marcado un hito en la evolución de nuestras sociedades y en la forma en que interactuamos con el mundo que nos rodea. Como proceso en constante desarrollo, ha sido responsable de la transformación radical de la producción de bienes, la organización del trabajo, la economía en su conjunto y, por supuesto, de la política. Al mismo tiempo, ha influido en nuestra cotidianeidad, y en cómo nos comunicamos.

La inquietud humana por la automatización y por la búsqueda de artefactos que faciliten nuestras tareas se remonta a la antigüedad. Un ejemplo temprano y sorprendente de este anhelo es el mecanismo de Anticitera,[9] un artefacto de hace más de dos mil años que refleja esa fascinación por la tecnología y la automatización. Descubierto en 1901 en un naufragio cerca de la isla griega de Anticitera, este dispositivo de bronce del siglo II a.C. es considerado mecanismo analógico y uno de los primeros ejemplos de automatización de la historia. Compuesto por al menos 30 engranajes y ruedas dentadas, funcionaba como una especie de computadora astronómica, y se utilizaba para predecir la posición de los planetas, las fases lunares, eclipses y fechas de eventos importantes, como los Juegos Olímpicos.

El mecanismo de Anticitera nos muestra que el deseo de automatizar procesos y simplificar tareas complejas forma parte de la humanidad desde hace milenios. En definitiva, esta invención ilustra cómo, desde en la antigüedad, el ingenio humano ha buscado soluciones para mejorar y facilitar nuestra comprensión del mundo y nuestro dominio sobre él, utilizando los conocimientos y recursos disponibles en cada época.

No obstante, es durante la Revolución industrial (siglos XVIII-XIX) cuando la automatización adquiere un carácter definitorio. La mecanización de la producción y la invención de las máquinas-herramientas, como el telar mecánico de Jacquard, transformaron la industria textil y otras manufacturas.[10]

La automatización, junto con la división del trabajo y la sociedad de clases caminará hacia el modelo productivo capitalista. Pero aunque los debates han prendido en un momento en que la tecnología y

---

9   Archivo que recopila información sobre el artefacto Anticitera: hhttps://www.antikythera-mechanism.gr/project/overview

10   Southcliffe Ashton, Thomas, *The Industrial Revolution, 1760-1830*, Oxford, Oxford University Press, 1948.

la automatización han pasado a ser determinantes, los conflictos y contradicciones han estado presentes desde sus orígenes. En 1832, Charles Babbage publicó el influyente *On the Economy of Machinery and Manufactures*,[11] donde abordaba la división del trabajo y su importancia en la eficiencia y la producción de bienes, al asignarse tareas específicas a trabajadores especializados[12] (lo que se conocería como el «El principio de Babbage»).[13] El texto también aventuró las implicaciones que tendrían la innovación y el desarrollo tecnológico en la invención de nuevas máquinas y en la mejora de la eficiencia y el crecimiento económico. Babbage sostenía que las implicaciones de la automatización serían de distinta índole: por un lado, afirmaba que el uso de máquinas permitiría a las empresas producir bienes de manera más eficiente en el futuro, así como reducir costos y aumentar la calidad de los productos; pero, por otro lado, se planteaba preguntas sobre las consecuencias sociales y laborales de la automatización, como el desplazamiento de los trabajadores.

En suma, Babbage abordó el hecho de que la automatización podría causar desempleo a corto plazo, aunque, según él, la innovación y el crecimiento económico generarían nuevas oportunidades de empleo a largo plazo. Este discurso se ha repetido cíclicamente, como justificación a la automatización tecnológica, hasta nuestros tiempos. En este sentido, la automatización ha generado tanto entusiasmo como preocupación, porque aunque representa un avance

---

11   Babbage, Charles, *On the Economy of Machinery and Manufactures*, Oxford, Oxford University, 1832.

12   Ideas basadas en la teoría de la división del trabajo, propuesta por Adam Smith en su obra *La Riqueza de las Naciones* de 1776.

13   «El principio de Babbage», *Naukas*, 13 de febrero de 2021. https://naukas.com/2021/02/13/el-principio-de-babbage/

significativo en la producción de bienes y servicios, y permite a las empresas ser más eficientes y competitivas en el mercado, está llena de contrapartidas.

Las condiciones previas

La automatización y los procesos tecnológicos asociados no surgieron de la nada, sino que fueron resultado de un proceso histórico y material en el que se crearon las condiciones necesarias para que se desplegara la potencia de la maquinaria y la tecnología en la sociedad capitalista.

Son muchos los autores y autoras que han tratado este tema. En *Calibán y la bruja*, Silvia Federici[14] expone cómo, a partir del siglo XV, se dieron las condiciones materiales para que la tecnología y la automatización aprovecharan al máximo las ventajas de una fuerza laboral creciente y desposeída. Los cercamientos son un buen ejemplo de esta modificación de las condiciones previas: la apropiación de tierras comunales y la expulsión del campesinado de sus tierras generó una población desposeída que, tras perder su medio de subsistencia, se vio obligada a vender su fuerza laboral en el mercado capitalista. Este proceso junto con otros factores, como la proletarización de ciertos sectores de la población o la imposición de leyes que restringían el acceso a los recursos comunes, fueron decisivos para la creación de una clase trabajadora dispuesta a trabajar en condiciones precarias.

Según Federici, este proceso de acumulación originaria fue crucial para el establecimiento del sistema capitalista y, por ende, para el desarrollo de la revolución industrial. La creación de una fuerza laboral

---

14   Federici, Silvia, *Calibán y la bruja: mujeres, cuerpo y acumulación originaria*, Madrid, Traficantes de Sueños, 2010.

empobrecida y la concentración de la riqueza en pocas manos permitieron la inversión en nuevas tecnologías y maquinarias que, a su vez, aumentaron la eficiencia y la productividad en generación de bienes.

Federici y otros autores que revisaron la acumulación originaria del capitalismo en la modernidad, explican cómo el avance tecnológico no surge en el vacío, sino que es resultado de un proceso histórico y material en el que se crean las condiciones necesarias para el despliegue de la automatización industrial y la tecnología en la sociedad capitalista. Al mismo tiempo, permiten comprender que la automatización ha estado ligada a procesos de desposesión, precariedad y desigualdad económica desde sus inicios,.

La revolución industrial dio paso al modelo capitalista, en parte debido a una idealización sobre las posibilidades de la automatización: la esperanza de delegar el trabajo duro en la máquina, y que ello nos permita dedicarnos a tareas más elevadas. Un canto de sirena recurrente en la historia entre quienes encontraron en la promesa tecnológica un aliado para imaginar otros mundos posibles: los utopistas.[15]

En 1833, John Adolphus Etzler describe en *The Paradise Within the Reach of All Men, Without Labour*[16] [El paraíso al alcance de todos los hombres, sin trabajo] diversos dispositivos y sistemas mecánicos, como turbinas eólicas y motores hidráulicos, que podrían utilizarse para aprovechar la energía de la naturaleza, generando recursos en abundancia. Mediante el uso de estas tecnologías, la sociedad podría convertirse en un paraíso donde las personas ya no necesitarían tra-

---

15 Martínez, Layla, *Utopía no es una isla,* Madrid, Editorial Episkaia, 2020.
16 Etzler, John Adolphus, *The Paradise Within the Reach of All Men, Without Labour, by Powers of Nature and Machinery: an Address to All Intelligent Men.* HardPress, 1836.

bajar y podrían dedicar su tiempo a la educación, las artes y la convivencia. Etzler sugiere además la posibilidad de construir comunidades autosuficientes que se sustentarían mediante la energía y los recursos generados por estos sistemas mecánicos, eliminando la dependencia de las formas de producción tradicionales y estableciendo un mundo más justo y equitativo. La *Tropical Emigration Society* [Sociedad de Emigración Tropical] creada por Etzler en 1844, publicó el manifiesto «Emigración al mundo tropical» en el que millones de personas migrarán de los climas templados de Europa y Norteamérica a los trópicos, donde surgirán países nuevos y superiores, y un pequeño impuesto garantizará la educación y el resto de derechos y placeres sociales: una vida abundante y libre de labores, podríamos decir que «celestial». La Sociedad se reunió por primera vez el 13 de octubre de 1844 en la casa londinense de Etzler y para finales de ese año, se habían unido cien personas. Pero como otros tantos proyectos utópicos, las aspiraciones[17] de Etzler se vieron truncadas por desavenencias y conflictos. En agosto de 1846, el ala disidente de la Sociedad, tras descalificar a Etzler como «charlatán imprudente» se convirtió en la *United States Emigration Society*. Ni Etzler ni las utopías tecnológicas posteriores han conseguido acercarse a esa sociedad donde sólo trabajen las máquinas.

Alejado de esta visión utópica de Etzler, e incluso de los utópicos socialistas, Karl Marx estudió también de forma profunda la importancia que tendría la automatización en el capitalismo. De hecho, Marx hace referencia a las ideas de Charles Babbage en sus tra-

---

17   Mawad, Tony Frangie, «Utopía perdida: Robots victorianos en el trópico venezolano», *La Gran Aldea*, 21 de octubre de 2020. *https://lagranaldea.com/2020/10/21/utopia-perdida-robots-victorianos-en-el-tropico-venezolano/*

bajos, especialmente en su obra principal El capital,[18] donde muestra su interés por el análisis del científico británico sobre la división del trabajo, la eficiencia y productividad en el sistema capitalista, y sobre cómo la automatización y la introducción de máquinas en la producción afectaban a los trabajadores y a sus condiciones de vida.

En el «Fragmento sobre las máquinas», una sección de la recopilación de anotaciones de los Grundrisse (1857-1858), Marx examina el papel de la maquinaria y la tecnología en la producción capitalista y sus efectos en la relación entre el trabajo y el capital.[19] Marx concluye que, en el capitalismo, la tecnología y la automatización desempeñan un papel central en un proceso de producción cuya función principal es aumentar la productividad y reducir los costos laborales. Esto se logra reemplazando el trabajo humano con máquinas, lo cual reduce a su vez la cantidad de trabajo necesario para producir una mercancía, pero también supone una intensificación de la explotación de la fuerza laboral. Marx señala las posibilidades emancipadoras de la tecnología, argumentando que la automatización y el aumento de la productividad podrían potencialmente liberar a los trabajadores del trabajo alienante y permitirles dedicar más tiempo a actividades creativas y de realización personal. Sin embargo, destaca que para que esto ocurra es necesario un cambio radical en la

---

18 Karl Marx cita directamente el trabajo de Charles Babbage en El capital, Tomo I, específicamente en el Capítulo 15, Sección 1, titulado «Maquinaria y gran industria», donde aborda la división del trabajo y el papel de las máquinas en la producción. Referencia: Op. cit. Babbage, Charles.

19 Los manuscritos económicos de 1857-1858 de Marx -ocho cuadernos elaborados en el lapso de diez meses- fueron publicados por primera vez en alemán, su lengua original, bajo el título Grundrisse der Kritik der politischen Ökonomie (Rohentwurf) 1857-1858.

organización social y económica que permita a los trabajadores beneficiarse directamente de los avances tecnológicos.

Sin entrar en los complejos debates que propician los textos de Marx, especialmente en la interpretación de los manuscritos de las *Grundrisse*,[20] esta visión de la automatización como fuerza emancipadora en el trabajo de Marx resulta reseñable puesto que refuerza la idea del uso utilitario de la máquina que, como hemos mencionado, reaparece en cada década, o con cada avance relevante en la automatización.

La revisión de la ciencia ficción

La ciencia ficción ha sabido, durante años, recoger esa tensión que provoca la automatización, tratando de plasmar la realidad presente o futura, y revisando los avances tecnológicos o automáticos que han permitido la consolidación del capitalismo. Podría decirse que la automatización ha hecho florecer un género tanto literario como cinematográfico.

Desde su inicios, el cine, y especialmente el género de la ciencia ficción, ha participado de forma activa en la construcción del imaginario en torno a la automatización, y ha sabido aterrizar los debates revisando la realidad o imaginando mundos nuevos. En 1927, la película *Metrópolis*,[21] de Fritz Lang mostró cómo la clase trabajadora puede ser explotada por la clase dominante mediante máquinas y automatización, por medio de una estética entre el romanticismo

---

20 Germinal Pagura, Nicolás, «La recepción contemporánea del "Fragmento sobre las máquinas" de Marx: crítica y lineamientos para una reinterpretación». *Tópicos 63*, Buenos Aires, Universidad de Buenos Aires, 2022, pp. 155-192. https://doi.org/10.21555/top.v63i0.1651

21 Lang, Fritz, (Director), *Metropolis* [Película]. Los Ángeles, Paramount Pictures, 1927.

y la modernidad que muestra el desplazamiento de lo humano. La impersonalidad que marca la tecnología a través de la máquina, y sus ritmos, quedan patentes en la escena donde Freder, el hijo del gobernante supremo de Metrópolis, descubre horrorizado la explotación de los trabajadores en la gigantesca y deshumanizada fábrica de su padre. La combinación de máquinas monstruosas y obreros exhaustos, culmina en una explosión catastrófica que libera vapores ardientes y provoca la caída de los trabajadores desde alturas mortales. La secuencia simboliza la opresión y el sacrificio humano en nombre del progreso industrial.

Esta visión angustiosa donde lo humano es convertido en mano de obra explotada fue también representada en el largometraje *Tiempos modernos* (1936) de Charles Chaplin, donde la división del trabajo teorizada por Babbage se plasma contundentemente en la cadena de montaje de la fábrica.[22] Las personas tienen que adaptarse al ritmo frenético de un sistema imparable, como bien refleja la escena en la que Charles Chaplin ajusta tornillos mientras intenta rascarse la axila. Jugueteando con la ironía, Chaplin muestra una realidad quizás algo ajena, pero que adaptada tecnológica y estéticamente a nuestros tiempos resultaría inquietantemente cercana. La automatización actual, basada en algoritmos de inteligencia artificial, con sus cadenas de suministro, resulta también una fuente de presión constante para la clase trabajadora, como en el caso de los repartidores de paquetería que, por falta de tiempo para los descansos, se ven forzados a orinar en botellas.[23] Amazon, y el resto de empresas donde la

---

22 Chaplin, Charles, (Director), *Tiempos Modernos* [Película], Los Ángeles, Charles Chaplin Productions, 1936.

23 «El escándalo de Amazon tras admitir que algunos de sus conductores orinan en botellas de plástico». *BBC News Mundo*, 4 de abril de 2021.

apuesta tecnológica es absoluta y la automatización algorítmica fundamental, son la tenebrosa réplica contemporánea de la realidad satirizada por Chaplin.

Imaginar el futuro y su potencialidad gracias a la automatización y a la innovación tecnológica no sólo inspiró a utópicos como Adolphus Etzler, a filósofos comunistas o a los cineastas de primera hora, también impulsó la ciencia ficción, tanto en el celuloide como en la literatura, dando incluso lugar a la distopía. De pronto, empezaron a imaginarse mundos indeseables, tal y como recogieron de forma magistral dos de las obras canónicas del subgénero: *1984*[24] y *Un mundo feliz*.[25]

Más tarde, el cyberpunk añadirá a la estela distópica un realismo[26] sofocante, «como un perverso experimento de darwinismo social, ideado por un investigador aburrido que mantuviese el dedo permanentemente apretado en el botón de avance rápido».[27] En este punto ya no hay dudas: las corporaciones gobiernan el mundo y las personas hacen lo que pueden para sobrevivir mientras la tecnología es omnipresente. Se empieza a hablar de inteligencia artificial y de algoritmos controlados por grandes empresas pero la automatización ya no se enuncia como una palanca emancipadora.

Es un modelo de sociedad que se repite en películas como *Gattaca*,[28] donde la modificación genética permite el acceso al trabajo; o *In time*,[29] en la que el tiempo vital de las personas es la moneda de cambio

https://www.bbc.com/mundo/noticias-56631854

24 Orwell, George, *1984*, Buenos Aires, Editorial Guillermo Kraft, 1950.

25 Huxley, Aldous, *Un mundo feliz*, Barcelona, Plaza y Janés, 1982.

26 Fisher, Mark, Op. cit.

27 Gibson, William, *Quemando cromo*, Barcelona, Minotauro, 1901.

28 Niccol, Andrew, (Director), *Gattaca,* [Película] Culver City, Columbia Pictures, 1997.

29 Niccol, Andrew, (Director), *In Time,* [Película] 20th Century Fox, 2011.

para todas las transacciones. Cada vez que la cultura revisa el mundo, éste se ha vuelto más tecnológico y mayor (y más sistemático) es el despliegue de la automatización en la vida real. Se estrecha el margen entre realidad y distopía, impactando de forma profunda en cómo imaginamos el futuro, pero también en cómo construimos el presente.

La realidad material de la automatización

La genealogía de la automatización no refleja un proceso homogéneo y coherente; tanto en su recorrido histórico como en los imaginarios que la ficción ha recreado, las dudas y los debates son continuos.

No hay duda sobre los cambios provocados por la automatización y cómo esos cambios han contribuido de forma significativa al avance de nuestra sociedad: la producción de bienes y servicios, o la propia construcción de lo cultural e, incluso, de lo natural son realidades incuestionables.[30] Sin embargo, la visión idealista de la automatización se ha convertido, de alguna forma, en una profecía autocumplida. Ya no se cuestiona si sus promesas son viables, sino que se asume la automatización como una parte inherente a nuestras estructuras sociales, materializándose en los sistemas y tecnologías que moldean dichas estructuras. Un ejemplo claro es el campo de las telecomunicaciones del capitalismo global conectado. El planeta está actualmente recorrido por más de 1,2 millones de kilómetros de cables submarinos de fibra óptica por océanos y mares alrededor del mundo y vinculados a sus correspondientes sistemas tecnológicos: todo

---

30 Trischler, Helmuth, «El Antropoceno, ¿un concepto geológico o cultural, o ambos?» *Desacatos 54*, Ciudad de México, Centro de Investigaciones y Estudios Superiores en Antropología Social, 2017, pp. 40-57.

un sistema nervioso que propulsa la automatización tecnológica y los algoritmos (ahora, de inteligencia artificial) a lo largo y ancho del planeta hacia nuestros bolsillos.[31]

La automatización también se materializa en el empleo. Según algunos cálculos, «el 57 % de los trabajos que se realizaban en la década de 1960 ya no existen».[32] Los defensores de la automatización, especialmente aquellos que destacan los beneficios que aporta a la sociedad, argumentan que es responsable de esta transformación del sector laboral, como si de una fuerza de la naturaleza se tratara. Pero hay voces críticas que señalan que la pérdida de empleo es en realidad debida a las velocidades relativas de la productividad y del crecimiento de la producción en la industria: si la producción crece más lentamente que la productividad laboral, el volumen de empleos disminuye, y la automatización sale del centro de la escena. El ensayo *La automatización y el futuro del trabajo*,[33] de Aaron Benanav, es fundamental para entender esta crítica.

Por nuestra parte, consideramos la automatización en términos menos extravagantes que los discursos utópicos e idealistas. En lo que respecta al presente trabajo, la automatización sería cualquier forma de innovación técnica que produce ahorro de mano de obra pero que también aumenta las capacidades

---

31 Starosielski, Nicole, The Undersea Network, Durham, Duke University Press, 2015.

32 Kaplan, Jerry «Don't Fear the Robots», *The Wall Street Journal*, 21 de julio de 2017. https://www.wsj.com/articles/dont-fear-the-robots-1500646623. Véase también, Atkinson, Robert D., y Wu, John, «False Alarmism: Technological Disruption and the US Labor Market, 1850-2015», *Information Technology and Innovation Foundation*, 8 de mayo de 2017. https://itif.org/publications/2017/05/08/false-alarmism-technological-disruption-and-us-labor-market-1850-2015/

33 Benanav, Aaron, *La automatización y el futuro del trabajo*, Madrid, Traficantes de Sueños, 2021.

productivas. Por ejemplo, añadir nuevas máquinas a una cadena de montaje de automóviles puede lograr que los trabajadores de esa cadena sean más productivos, pero no implica que se pueda abolir el trabajo en cadena como tal. Sin embargo, lo que es innegable es que esa automatización disminuirá el número de trabajadores necesarios para producir la misma cantidad de automóviles. Esta nueva realidad en la que una determinada categoría laboral sigue existiendo, con menos empleados, pero en donde cada uno de ellos se vuelve más productivo, es posible gracias a la inclusión de tecnología que incrementa la eficiencia de la mano de obra. Por eso es importante señalar que la automatización conlleva, normalmente, desplazamiento humano. Un desplazamiento que en muchos casos es prácticamente irreversible. No se volverá a contratar operadores para una centralita o para una cadena de montaje una vez que han sido sustituidos por una máquina.

Seguimos pues imaginando un futuro ideal en el que la automatización transforme nuestras formas de vida; seguimos anhelando un mundo automatizado que, en teoría repleto de posibilidades, justifica la pérdida de empleos (por ahora la única fuente de ingresos de la inmensa mayoría de la sociedad) sin alternativas claras. En esta tesitura, nos encontramos con dos miradas divergentes sobre lo que nos espera. Por un lado, estarían las voces apaciguadoras respecto a la «sintaxis» social, económica, política y antropológica de la automatización. Esta visión entiende que el capitalismo es un modo de producción transitorio que dará paso a una nueva forma de vida organizada al margen del trabajo asalariado y del intercambio monetario.[34]

---

34   Keynes, John Maynard, «Economic Possibilities for our Grandchildren»,

Por otro lado, estarían las miradas que, haciendo gala de un utilitarismo extremo, afirman que la automatización es un fenómeno imparable y que hay que asumir y aceptar de buen grado sus consecuencias; como dice la canción, morir o matar.[35]

Esperando a que ocurran estos acontecimientos históricos desencadenados por la automatización, lo cierto es que a lo largo de estos años no hemos dejado de repetir el mantra autoprofectivo de sus posibilidades. Y mientras llegamos a ese lugar prometido, la implementación de la automatización y su justificación requieren de una sofisticación que no deja de crecer y multiplicarse. Una sofisticación que impregna cada vez más ámbitos de nuestra existencia.

La automatización en el consumo y la tecnología digital: el capitalismo cognitivo

El concepto de automatización se vincula habitualmente a los servicios y productos digitales que consumimos. Es una automatización que deviene algorítmica y que ya forma parte de nuestra cotidianidad. Nuestra vida está atravesada por una constante relación entre el consumo y la automatización; entre la oferta, la tecnología y la interfaz. La toma de decisiones forma parte de esta transacción de productos y servicios y, precisamente por eso, la automatización deviene algoritmo de inteligencia artificial.

Aunque la evolución de la automatización hacia la tecnología y hacia los algoritmos de inteligencia artificial, y su conexión con el consumo, puedan transmitir

---

en *Essays in Persuasion*, Carolina del Sur, CreateSpace, 2009, pp. 358-373. Véase también, Beveridge, William, *Full Employment in a Free Sacity*, Londres, George Allen & Unwin LTD, 1944.
35 Vegas, Nacho, «Morir o matar», en *El Manifiesto Desastre*, Madrid, Limbo Starr, 2015.

una sensación de linealidad, como si de un proceso natural se tratara, lo cierto es que ambos fenómenos han discurrido en paralelo antes de confluir sin una hoja de ruta trazada previamente.

Por un lado, tenemos el recorrido de la propia sociedad de consumo, que tampoco sería lineal. Fue crucial para evitar el colapso sistémico que el capitalismo experimentó en 1929, cuando la sobreproducción causó una gran inflación, el mercado de valores se desplomó y se generó paro de manera masiva.[36] Tras la II Guerra Mundial se produjo un cambio notable en la cultura de consumo, especialmente en Estados Unidos y Europa. La producción en masa y la publicidad, impulsadas por la creciente industrialización y urbanización, contribuyeron a la creación de una sociedad de consumo moderna. En esos años cambian las prácticas de consumo y la relación de las personas con los bienes materiales: los objetos pasan a convertirse en una parte integral de la vida cotidiana y de la identidad personal. Durante este período, la aparición de la publicidad masiva y técnicas de venta como la financiación al consumo y los créditos al por menor, permitirán adquirir bienes antes considerados lujosos, como automóviles o electrodomésticos. Estos cambios en la cultura del consumo fueron fundamentales para moldear las prácticas y actitudes hacia los bienes materiales, pero también obligaron a incorporar nuevas formas organizativas en la producción.

En aquel momento, la automatización no solo implicaba la tecnología necesaria para la producción de productos, sino que ya apuntaba hacia los algoritmos, e incluía todo un entramado de ideas que

---

36 Stiegler, Bernard, «Para una nueva crítica de la economía política» *Nueva Sociedad* 262, Buenos Aires, 2016, pp. 27-34.

conformaron parte de la materia prima que nutriría la nueva era postindustrial. El auge de las naciones industrializadas, lideradas por Estados Unidos, supuso el desarrollo exponencial de técnicas de promoción, marketing y publicidad; un avance acompañado más tarde por una digitalización masiva y sin precedentes. Ello operó sistemáticamente sobre los consumidores, generando a su vez nuevas formas de producción de bienes y servicios, cada vez más asociados con nuestras formas de vida. La fábrica ya no era el único actor principal; la publicidad, la explotación de nuestros deseos y nuestra subjetividad pasaron a formar parte del proceso productivo. En ese contexto, la automatización algorítmica, la futura inteligencia artificial, se incorporó a unas máquinas que se tornaron deseantes.[37] Desde entonces, somos incapaces de escapar de un ciclo, consumo-producción que, básicamente, desencadena deseos insatisfechos que perpetúan el bucle.

Esta evolución, que el filósofo Bernard Stiegler denominó «guerra de la innovación permanente»,[38] supuso una competencia implacable entre las empresas, industrias y naciones, en la pugna interminable por desarrollar y capitalizar constantemente nuevas tecnologías, productos y servicios. La búsqueda incesante de la innovación, en este contexto, fue impulsada por la necesidad de ganar ventaja competitiva y generar riqueza en una economía global cada vez más interconectada. Dicha situación tuvo implicaciones significativas para la vida social, política y económica,

---

37 Guattari, Félix, y Deleuze, Gilles, *El Anti-Edipo: capitalismo y esquizofrenia*, Barcelona, Barral Editores, 1973.

38 Crogan, Patrick, «La automatización y digitalización de la vida cotidiana», *Revista Científica de Estrategias, Tendencias e Innovación en Comunicación* 12, Castellón, Asociación para el Desarrollo de la Comunicación, Comunica y Universitat Jaume I, 2016, pp. 127-140. https://doi.org/10.6035/2174-0992.2016.12.7

incluida la obsolescencia acelerada de los productos, la explotación de los recursos naturales y humanos, y una creciente desigualdad.

Por su parte, en un proceso paralelo, la automatización se había vuelto más sofisticada. Es cierto que los procesos de automatización siempre habían dependido de nuestra capacidad tecnológica, pero esta tecnología, especialmente en sus inicios, se encontraba inevitablemente supeditada a la eficiencia de los procesos automáticos. La clasificación, el filtrado, era manual. Sin embargo, con la aparición del transistor y de los circuitos integrados, la automatización empieza a conectarse directamente a la tecnología. Fue esta conexión la que permitió la aparición de la industria informática que, a su vez, dio lugar a la creación de ordenadores personales, sistemas operativos y software especializado. En este nuevo panorama, nuestra forma de producir requería de una abstracción completamente novedosa para hacer el tránsito hacia lo digital: los algoritmos.

El término algoritmo comenzó a popularizarse dentro de la jerga informática en el arranque de la década de 1960[39] y hacía referencia al conjunto de reglas e instrucciones necesarios para que un ordenador, operando sobre un conjunto de datos, resolviera un problema. Aunque en sus inicios estas reglas eran establecidas por expertos humanos, en los últimos años se entiende por algoritmo a la tecnología que, dados unos datos y un resultado deseado, tiene la capacidad de identificar cuáles deberían ser las reglas más adecuadas para resolver el problema y que, en algu-

---

39   Miyzaki, Shintaro, «Algorhythmics: Understanding micro-temporality in computational cultures», *Computational Culture*, 28 de septiembre de 2012. http://computationalculture.net/algorhythmics-understanding-micro-temporality-in-computational-cultures/

nos casos, es capaz de aprender sobre el desempeño de su cometido. Además, hoy ya es frecuente que los algoritmos cuenten con lo que se conoce como «inteligencia artificial», que dota a la tecnología de capacidad para procesar grandes cantidades de datos y de ciertas habilidades cognitivas más o menos desarrolladas, como la percepción, el aprendizaje, el razonamiento o la toma de decisiones.[40] A menudo, además, estas piezas tecnológicas poseen también la facultad de mejorar su rendimiento mediante aprendizaje automático (*machine learning*), ofrecen predicciones probabilísticas, detectan patrones, automatizan tareas, personalizan su respuesta o toman decisiones sin intervención humana.[41]

Aunque el uso generalizado de los algoritmos inteligentes haya sido más tortuoso, en tiempo y dificultades, de lo previsto inicialmente,[42] lo cierto es que nuestra vida es ya más virtual, más digital y más automatizada de lo que solemos aceptar.

El algoritmo del amor: un viaje a las entrañas de Tinder de Judith Duportail refleja lo anterior con desasosegante crudeza.[43] En él, la periodista francesa relata una anécdota particularmente impactante que pone de

40 Eiband, Malin, Völkel, Sandra. T., Buschek, Daniel, Cook, Sophia, y Hussmann, Heinrich, «When people and algorithms meet», *Proceedings of the 24th International Conference on Intelligent User Interfaces (IUI 19)*, 2019, pp. 96–106. https://doi.org/10.1145/3301275.3302262

41 Lee, Min K., «Understanding perception of algorithmic decisions: Fairness, trust, and emotion in response to algorithmic management» *Big Data & Society* 5, num. 1, Thousand Oaks, Sage Journals, 2018. https://doi.org/10.1177/2053951718756684

42 El campo de la inteligencia artificial ha tenido que transitar varios inviernos, donde el interés y los recursos dedicados a su desarrollo se ralentizaron enormemente. Para conocer más sobre ello: Schuchmann, Sebastian, «History of the first AI Winter», *Medium* 2019. https://towardsdatascience.com/history-of-the-first-ai-winter-6f8c2186f80b

43 Duportail, Judith, *El algoritmo del amor: un viaje a las entrañas de Tinder*, Barcelona, Editorial Contra, 2019.

manifiesto el lado oscuro de las aplicaciones digitales de citas y cómo estas pueden afectar a la autoestima (y a la vida en general). Al comenzar a investigar el funcionamiento del algoritmo de Tinder, Duportail descubre que la plataforma cuenta con una «puntuación de deseabilidad», una métrica interna que utiliza para clasificar a los usuarios en función de su atractivo y su probabilidad de obtener coincidencias. Sorprendida y angustiada al darse cuenta de que ha sido clasificada y juzgada de acuerdo con el número asignado por un algoritmo, Duportail comienza a cuestionar la forma en que se percibe a sí misma. El libro pone de relieve el impacto que las aplicaciones de citas pueden tener en las personas, al puntuarlas en función de criterios desconocidos y, en última instancia, arbitrarios. Además, muestra cómo estas aplicaciones digitales intervienen en las dinámicas de relación entre las personas; muestra cómo los algoritmos toman decisiones, incluso de forma oculta: la máquina deseante deviene máquina de consumo. El consumo guarda una relación directa con la persona, e incluso con su intimidad, que depende de unas aplicaciones digitales a su vez producto de procesos automáticos y algoritmos inteligentes. Los algoritmos son ahora nuevas formas de crear máquinas de estados,[44] fábricas reducidas a capas de silicio que dan una vuelta de tuerca a la automatización clásica.

Es en este punto donde confluyen la visión más clásica del consumo, que hemos descrito en apartados anteriores (la automatización de los algoritmos inteligentes y la toma de decisiones subsiguiente), con el planteamiento de la idea de la vida puesta a consumir.

---

44 Brunete, Alberto, San Segundo, Pablo, y Herrero Rebeca, «Diagramas de estado», en *Introducción a la automatización industrial*, Madrid, Universidad Politécnica de Madrid, 2020.

Tomar decisiones forma parte del consumo y para ello se necesitan algoritmos. También en este momento aparecen corporaciones de nuevo cuño, empresas inmensamente grandes, como Facebook, Google o Apple, que funcionan al mismo tiempo como organizaciones industriales y como postindustriales: no solo ofrecen sus productos y servicios, sino que organizan nuestras vidas, nuestras experiencias y nuestras formas de comunicarnos mediante sus productos tecnológicos. Son empresas que, en esta guerra por la innovación, han sabido incorporar la transformación económica y social de las últimas décadas denominada capitalismo digital o capitalismo cognitivo.[45]

Y al igual que la automatización deviene en algoritmo, también lo hace el capitalismo cognitivo, puesto que la creación de valor ya no se basa únicamente en la producción y explotación de bienes materiales y de mano de obra, sino que depende cada vez más de la automatización de la producción, de la distribución y de la explotación de los conocimientos e información. Las empresas, prosperan en este nuevo entorno adaptándose con rapidez para extraer valor de los algoritmos, tanto como forma de clasificación automática, como vía para la toma de decisiones. Dicho de otra manera: poniendo a trabajar el potencial de los algoritmos, las tecnologías digitales y la inteligencia colectiva.

La automatización ya no solo es un conjunto de máquinas para explotar de forma más eficiente las materias primas (que también lo es). En esta vuelta de tuerca, las grandes corporaciones incorporan los algoritmos de IA como una pieza central de su servicio,

45 Blondeau, Olivier, Whiteford, Nick Dyer, Vercellone, Carlo, et al., *Capitalismo cognitivo, propiedad intelectual y creación colectiva*, Madrid, Traficantes de Sueños, 2004.

en lugar de como una pieza instrumental y secundaria, poniendo a trabajar la subjetividad de las vidas humanas.[46]

Donald Norman, pionero en el estudio de la interacción humano-computadora, señalaba ya en 2010 que, aunque inicialmente se esperaba que la automatización iba a acabar con aquellas tareas que nos resultan aburridas, peligrosas y/o sucias, cada vez se automatizan, en forma de algoritmos, tareas más complejas y diversas.[47] Los algoritmos, con su automatización intrínseca, ya no sólo se despliegan en las labores que durante décadas, o siglos, se han querido delegar en las máquinas, sino que lo habitual es que la tecnología se haya convertido en la clave para resolver tareas relevantes como, por ejemplo, delimitar qué información consumimos. Previamente y para poder automatizar esta tarea, el capitalismo cognitivo ha tenido que incorporar un ingente número de personas para llevar a cabo la aburrida labor de recopilar, limpiar y clasificar la descomunal cantidad de datos con los que entrenar al algoritmo que recomendará de información,[48] o habrán tenido que asumir la tóxica tarea de censurar las recomendaciones del algoritmo, cuando contengan contenido inapropiado, dañino o, incluso, denunciable.[49]

---

46 Lluch, Ester J., «Vidas gobernadas: la biopolítica según Foucault» *El Salto*, 16 de abril de 2019. https://www.elsaltodiario.com/el-rumor-de-las-multitudes/vidas-gobernadas-la-biopolitica-segun-foucault

47 Norman, Donald A., *El diseño de los objetos del futuro (la interacción entre el hombre y la máquina)*, Buenos Aires, Ediciones Paidós, 2010.

48 Chen, Angela, «Inmates in Finland are training AI as part of prison labor», *The Verge*, 28 de marzo de 2019. https://www.theverge.com/2019/3/28/18285572/prison-labor-finland-artificial-intelligence-data-tagging-vainu

49 Newton, Casey, «Half of all Facebook moderators may develop mental health issues» *The Verge*, 13 de mayo de 2020. https://www.theverge.com/interface/2020/5/13/21255994/facebook-content-moderator-lawsuit-settlement-mental-health-issues

De esta forma, pasamos de una concepción de la automatización vinculada a la producción de bienes y servicios, y en la que imaginábamos a las personas al mando, a una automatización donde la tecnología actúa «como si tuviera inteligencia y voluntad (...), con la mejor de las intenciones, en aras de la seguridad, la comodidad o la precisión». El nuevo consumo automatizado, algorítmico, brinda sistemas de recomendación que sugieren qué música escuchar,[50] o con qué películas y series rellenar el tiempo de ocio;[51] validan o rechazan la candidatura de trabajo en un proceso de selección de personal;[52] determinan qué personas en situación de vulnerabilidad recibirán una ayuda pública;[53] establecen si un barrio u otro son susceptibles de vigilancia policial preventiva;[54] o predicen el riesgo de reincidencia de los presos.[55] Se trata de nuevas «cadenas de montaje» que necesitan recopilar volúmenes

50 Van de Bovenkamp, Esther, *Algorithmic imaginary and the case of Spotify* [Tesis Doctoral], Utrecht, Utrecht University, 2017. http://dspace.library.uu.nl/handle/1874/353655

51 Hosanagar, Kartik, «Free will in an algorithmic world», *OneZero*, 5 de marzo de 2019. https://onezero.medium.com/free-will-in-an-algorithmic-world-8d5acb550cb7

52 Dastin, Jeffrey, «Amazon scraps secret AI recruiting tool that showed bias against women», *Reuters*, 10 de octubre de 2018. https://www.reuters.com/article/us-amazon-com-jobs-automation-insight/amazon-scraps-secret-ai-recruiting-tool-that-showed-bias- against-women-idUSKCN1MK08G

53 Civio, «La Justicia impide la apertura del código fuente de la aplicación que concede el bono social» *Civio*, 10 de febrero de 2022.https://civio.es/novedades/2022/02/10/la-justicia-impide-la-apertura-del-codigo-fuente-de-la-aplicacion-que-concede-el-bono-social/

54 Lapowsky, Issie, «How the LAPD Uses Data to Predict Crime», *Wired, 22 de mayo de 2018.* https://www.wired.com/story/los-angeles-police-department-predictive-policing/

55 Angwin, Julia, Larson, Jeff, Mattu Surya, y Kirchner Lauren, «Machine Bias» *ProPublica*, 23 de mayo de 2016. https://www.propublica.org/article/machine-bias-risk-assessments-in-criminal-sentencing. Y, Saura, Gemma, y Aragó, Laura, «Un algoritmo impreciso condiciona la libertad de los presos», *La Vanguardia*, 6 de diciembre de 2021. https://www.lavanguardia.com/vida/20211206/7888727/algoritmo-sirve-denegar-permisos-presos-pese-fallos.html

ingentes de datos sobre el comportamiento de las personas en línea y fuera de ella; una recogida de datos masiva que es alimento imprescindible[56] para personalizar y adelantarse a las experiencias de los usuarios de esta tecnología y, sobre todo, para la generación de ingresos en empresas como Facebook,[57] cuyo modelo de negocio consiste en ofrecer a sus anunciantes la posibilidad de filtros específicos a las audiencias destino gracias a estos datos, en una evolución de la automatización publicitaria (ahora también personalizada).

Así, nos encontramos con un nuevo momento de la historia en el que se vuelve a apostar por la potencia (presente o futura) de la automatización, ahora claramente subsumida en un proceso tecnológico; no ya para aliviar a las personas del trabajo duro o alienante, sino para colocar la automatización, en formato de algoritmos inteligentes, al frente de las decisiones.

El historiador Yuval N. Harari afirma[58] que, en un futuro cercano, «los algoritmos no se rebelarán ni nos esclavizarán; más bien, serán tan buenos a la hora de tomar decisiones por nosotros que sería una locura no seguir sus consejos».

Afirmaciones como esta, que nos remiten a visiones (utópicas) sobre la automatización del pasado, y que nos anuncian el advenimiento de la utopía de la mano de los algoritmos, renuevan también el viejo anhelo para todas nuestras complicaciones presentes y futuras, ahora en forma de algoritmo: el algoritmo

---

56 Applin, S. A., «Science Fiction Is Not Social Reality», *Vice*, 20 de julio de 2018. https://motherboard.vice.com/amp/en_us/article/43pxjd/science-fiction-is-not- social-reality

57 «Meta Reports Third Quarter 2022 Results», *Meta Investor Relations*, 26 de octubre de 2022. https://investor.fb.com/investor-news/press-release-details/2022/Meta-Reports-Third-Quarter-2022-Results/default.aspx

58 Harari, Yuval N., *Homo Deus: Breve historia del mañana*, Madrid, Debate, 2016.

tomará en nuestro nombre aquellas decisiones que considere mejores para nuestros intereses.

La supuesta superioridad del algoritmo

¿Pero cómo se deposita esta ilusión o este anhelo en los algoritmos? La automatización, derivada de una miniaturización de los procesos que introduce cierta inteligencia en los sistemas tecnológicos, nos lleva a percibir los algoritmos como superiores a las capacidades humanas. Esta narrativa de la superioridad valida el paternalismo tecnológico de instituciones e industria, que propagan las ventajas del uso de los algoritmos en las decisiones (paternalistas).[59] El Gobierno japonés, por ejemplo, tomó la decisión de invertir 19 millones de dólares para impulsar la tasa de natalidad del país a través de algoritmos de búsqueda de pareja, optando como Estado por una solución tecnológica para resolver un problema social, político y hasta antropológico.[60]

¿Cuáles son los argumentos para justificar la supuesta superioridad del algoritmo frente al ser humano? Nos detendremos en tres de ellos: una verdad con matices y dos falacias.

Verdad con matices: los algoritmos poseen una mayor capacidad de procesamiento.

Resulta más que obvio que las máquinas superan a los humanos en capacidad de procesamiento de información.[61] Dicha competencia, a años luz de la hu-

59   Gigerenzer, Gerd, *How to stay smart in a smart world: Why human intelligence still beats algorithms,* Cambridge, MIT Press, 2022.
60   Quach, Katyanna, «Japan pours millions into AI-powered dating to get its people making babies again», The Register, 9 de diciembre de 2020. https://www.theregister.com/2020/12/09/japan_ai_dating/
61   Webedia Brand Services, «¿En qué se diferencian (y asemejan) nuestros cerebros de un ordenador cualquiera?» *Xataka,* 30 de diciembre de

mana, permite realizar tareas inalcanzables para las personas, como descubrir conexiones y patrones invisibles al ojo humano. Sin embargo, es necesario no perder de vista algunas cuestiones relevantes.

Por un lado, es preciso aclarar que aunque un algoritmo solucione un problema que hasta el momento era irresoluble puede pasar, y pasa, que sea imposible comprender cómo lo ha logrado. Es el caso de Deep Patient, un algoritmo desarrollado por el Hospital Monte Sinaí de Nueva York que resultó sorprendentemente eficaz a la hora de predecir la esquizofrenia. Dado que este trastorno ha sido históricamente difícil de pronosticar por los médicos, el avance clínico era innegable. Sin embargo, tras comprobar su eficacia, ningún experto fue capaz de deducir qué patrones, datos o señales había utilizado el algoritmo para establecer sus predicciones.[62]

Muchos de los algoritmos a los que atribuimos capacidades sobrehumanas se basan en sistemas de complejidad ininteligible. Si bien las piezas pueden resultar comprensibles por separado, cuando su sofistificación es alta es imposible comprender el conjunto. Suelen ser algoritmos de inteligencia artificial con aprendizaje automático, basados en redes neuronales artificiales.[63] Los algoritmos de caja negra, con su compleja red de interconexiones y capas ocultas, complejidad técnica y arquitectura interna imposibilitan que accedamos a su lógica de funcionamiento. Además, muchos son de propiedad privada, lo que les

2016.https://www.xataka.com/tecnologiazen/en-que-se-diferencian-y-asemejan-nuestros-cerebros-de-un-ordenador-cualquiera

62   Knight, Will, «The dark secret at the heart of AI», *MIT Technology Review*, 11 de abril de 2017. https://www.technologyreview.com/s/604087/the-dark-secret-at-the-heart-of- ai/

63   Liberal, Karlos g., Op. cit.

convierte en tecnologías doblemente inaccesibles al escrutinio y control públicos. Ambas cuestiones conducen a la toma de decisiones opacas.

A la vista de estas dificultades, en los últimos años se ha desarrollado una línea de investigación centrada en lograr la explicabilidad de los sistemas de inteligencia artificial, precisamente con el propósito de que la toma de decisiones sea más transparente.[64] La iniciativa requiere de importantes cambios técnicos en las propias inteligencias artificiales, dada su naturaleza opaca. Mientras tanto, no deberíamos asumir que en el futuro será posible lograr la explicabilidad de la IA, esto es, conocer el razonamiento detallado que ha seguido una inteligencia artificial para tomar una decisión o para realizar una evaluación en una u otra dirección. Hasta el momento, las investigaciones sólo permiten aspirar a la interpretabilidad[65] de la IA, es decir, a inferir los hipotéticos fundamentos de su razonamiento.

Volviendo a la capacidad de procesamiento de los algoritmos, hay que señalar que, aunque es cierto que pueden manejar cantidades ingentes de datos, a menudo se obvia que dicha información no es más que una simplificación (mediada) del mundo sobre el que van a decidir. El psicólogo Gerd Gigerenzer lo ilustra con un ejemplo en su último libro sobre los algoritmos de las plataformas de citas, diseñados para calcular la compatibilidad entre personas.[66] Para ello, contrastan

64 Gunning, David, «DARPA's explainable artificial intelligence (XAI) program», *Proceedings of the 24th International Conference on Intelligent User Interfaces* (IUI '19), Nueva York, ACM, 2019. https://doi.org/10.1145/3301275.3308446

65 Linardatos, Pantelis, Papastefanopoulos, Vasilis, y Kotsiantis, Sontilis, «Explainable AI: A Review of Machine Learning Interpretability Methods», *Entropy* 23, num. 18, Patras, University of Patras, 2021. https://doi.org/10.3390/e23010018

66 Gigerenzer, Gerd, 2022 Op. cit., *How to Stay Smart in a Smart World, 2022.*

coincidencias y/o complementariedades entre gustos y datos sociodemográficos básicos (edad, estatus social, ubicación geográfica, etcétera). Sin embargo, se trata de un contraste de coincidencias y complementariedades entre datos disponibles, no propiamente entre personas. En estas plataformas las personas son representadas a partir del perfil que elaboran ellas mismas, con el objetivo de mostrarse como «productos» deseables para el resto; a partir de los *clicks* que se generan; o a partir de la combinación de ambas operaciones. Por tanto, los datos que, con sus abrumadoras capacidades de cómputo, procesan los algoritmos serán reflejo de aquello que los usuarios hayan querido compartir, o de las inferencias que el algoritmo haya realizado a partir de su consumo en la plataforma.

A esto hay que añadirle la previsión de que en unos pocos años apenas habrá datos reales con los que entrenar inteligencias artificiales. Se estima que para 2026 ya no quedará información lingüística de alta calidad para alimentar los sistemas de aprendizaje automático; está previsto que los de baja calidad se agoten entre 2030 y 2050, y que las imágenes con las que se entrenan los sistemas de visión se agoten entre 2030 y 2060.[67] Esto plantea la posibilidad, ya puesta en práctica, de que sea la propia inteligencia artificial la que genere datos «sintéticos» con los que entrenar a otras IAs. Ello podría evitar problemas como la privacidad de los datos, pero también generar bucles recursivos de errores y desinformación, tal y como ocurre con el algoritmo de búsqueda de Google, que presenta imitaciones de cuadros originales generados

---

67 Del Amo, Marta, «Y cuando no queden más datos, ¿cómo entrenarás a tu inteligencia artificial?», *Retina*, 31 de enero de 2024. https://retinatendencias.com/negocios/y-cuando-no-queden-mas-datos-como-entrenaras-a-tu-inteligencia-artificial/

por la inteligencia artificial cuando se busca información sobre algunos pintores y sus obras.[68]

No parece pues que puedan delegarse decisiones en los algoritmos teniendo únicamente en cuenta su incuestionable superioridad de procesamiento, puesto que ni los datos son siempre suficientes en la toma de decisiones, ni la clave de que estas decisiones sean adecuadas se reduce a la capacidad de procesamiento.

Falacia 1: Los algoritmos no tienen sesgos

Una gran mentira que nos hemos querido creer es que, al contrario que los seres humanos, los algoritmos no tienen sesgos. Es más, aspiramos a que los algoritmos sean la solución para eliminar el sesgo humano en las decisiones.

Esta falacia implica suponer que los algoritmos son entes aislados pero, muy al contrario, están insertos en sistemas políticos, técnicos, culturales y sociales más amplios;[69] se basan en datos que habitualmente son el reflejo del mundo humano al que se refieren (por lo que no son objetivos); y necesitan de la intervención humana para su desarrollo. En definitiva pueden incorporar (e incorporan), aun sin pretenderlo, sesgos cognitivos humanos en cualquier momento de su ciclo de vida.[70] Hay numerosos ejemplos locales

---

68 Sanz, Marta, «Google se confunde con la IA: muestra imágenes digitales en vez de los cuadros originales», *El Español,* 7 de junio de 2023. https://www.elespanol.com/omicrono/software/20230607/google-confunde-ia-muestra-imagenes-digitales-originales/769673295_0.html

69 Birhane, Abeba, «The algorithmic colonization of Africa» *Real Life,* 18 de julio de 2019. https://reallifemag.com/the-algorithmic-colonization-of-africa/

70 Martínez, Naroa, Agudo, Ujué, y Matute, Helena, «Human cognitive biases present in Artificial Intelligence», *Revista Internacional de los Estudios Vascos* 67, num. 2, Bilbao, Universidad de Deusto, 2022. https://www.eusko-ikaskuntza.eus/eu/riev/human-cognitive-biases-present-in-artificial-intelligence/rart-24782/

de algoritmos sesgados, como el de predicción de violencia de género en Euskadi,[71] o el de adjudicación del bono social de electricidad, BONO.[72] Los casos a nivel internacional, evidentemente, son aún más amplios y sonados.[73]

Además de que los sesgos humanos puedan trasladarse a la IA en cualquier momento de su proceso de construcción y despliegue, hay un problema anterior: el sesgo del algoritmo que proviene de los datos con los que se le haya entrenado. Y esta es, ciertamente, una casuística generalizada. Pongamos por caso el experimento realizado en 2019 para poner a prueba varias inteligencias artificiales de reconocimiento de objetos en imágenes, como Google Cloud Vision, Amazon Rekognition o IBM Watson.[74] Las investigaciones encontraron que la precisión de estos sistemas era un 15 % más alta cuando analizaban fotografías de objetos cotidianos tomadas en EE. UU., en comparación con las fotografías de estos mismos objetos hechas en Somalia o Burkina Faso. Esto hacía, por ejemplo, que los sistemas mencionados fueran capaces de reconocer un jabón de manos en una imagen cuando se mostraba en

71 Bellio, Naiara, «Los sesgos con los extranjeros en el algoritmo de violencia de género de la Ertzaintza», *El Salto*, 5 de abril de 2023. https://www.elsaltodiario.com/policia/sesgos-extranjeros-del-algoritmo-violencia-genero-ertzaintza

72 Belmonte, Eva, «La aplicación del bono social del Gobierno niega la ayuda a personas que tienen derecho a ella», *Civio*, 16 de mayo de 2019. https://civio.es/tu-derecho-a-saber/2019/05/16/la-aplicacion-del-bono-social-del-gobierno-niega-la-ayuda-a-personas-que-tienen-derecho-a-ella/

73 Ver: Eubanks, Virginia, *La automatización de la desigualdad: herramientas de tecnología avanzada para supervisar y castigar a los pobres,* Madrid, Capitán Swing, 2021; O'Neil, Cathy, *Armas de destrucción matemática: cómo el big data aumenta la desigualdad y amenaza la democracia,* Madrid, Capitán Swing, 2018.

74 Devries et al. *Does Object Recognition Work for Everyone?,* ArXiv, 2019. https://doi.org/10.48550/arXiv.1906.02659

formato de dispensador, pero que se etiquetara como comida si se presentaba como una pastilla deforme.

En un experimento que realizamos en 2020[75] tropezamos con el sesgo algorítmico al estudiar el funcionamiento de la inteligencia artificial de reconocimiento de objetos.[76] Nos interesaba comprender el comportamiento de un paquete comercial de inteligencia artificial que la empresa Amazon ofrece mediante suscripción y que etiqueta imágenes a partir de los objetos que reconoce en ellas. Analizamos cómo el algoritmo etiquetaba imágenes en las que se veían personas sosteniendo objetos históricamente estereotipados, como taladros, martillos o productos de limpieza. ¿Cambiaban las etiquetas dependiendo del género de la persona que portaba el objeto? Creamos pares de imágenes, con la aplicación FaceApp, con el mismo objeto blandido por personas de género aparentemente distinto. Y descubrimos que, ante dos fotografías iguales y con el único cambio de la persona que portaba el objeto (hombre o mujer), el etiquetado difería: el taladro sólo se reconocía en la fotografía del hombre; el martillo se confundía con un secador de pelo en la fotografía de la mujer; o sólo se añadían etiquetas como *cleaning* [limpieza] a las imágenes de mujeres. Un sesgo probablemente traspasado a la IA en la etapa de entrenamiento inicial.

75 Ujué Agudo Díaz y Karlos g. Liberal han participado en Bikolabs, laboratorio que funcionó desde finales de 2017 hasta 2023. Fue creado por Karlos g. Liberal y Aitor Resano, con el apoyo de Diego Cenzano, consecuencia de la colaboración entre Biko e Interzonas; estuvo concebido como espacio de exploración tecnológica y comprensión del sector. Su propósito se amplió tras la incorporación de Ujué Agudo Díaz en 2018, momento en el que el laboratorio se centró en investigar, intervenir y divulgar sobre la interacción entre personas y tecnología.

76 Bikolabs, «Sesgo en la IA de reconocimiento de objetos», 2020. https://www.bikolabs.io/collections/sesgos

Sin embargo, como decíamos, la IA también puede agregar sesgo humano en otros momentos de su ciclo de vida. Es decir, puede construirse un algoritmo libre de sesgos que termine incorporándolos durante su interacción con el mundo real. El famoso agente conversacional de Microsoft para Twitter tuvo que ser retirado por desarrollar actitudes racistas aprendidas de su interacción con los usuarios.[77]

Además de heredar sesgos humanos, la IA puede generar los suyos propios. Esto es lo que ocurre con las IAs generativas de texto, tipo ChatGPT, que en afán por ofrecer respuestas convincentes, pueden terminar generando una respuesta inventada, algo que se conoce como «alucinación».[78] Uno de los casos recientes y sonados de alucinación ha sido el protagonizado por ChatGPT, en su integración con el buscador Bing, cuando Jordi Pérez Colomé, periodista de *El País*, solicitó a la herramienta que generara un poema sobre Pedro Sánchez. En dicho poema, se aseguraba que el presidente tenía barba. Ante los intentos de Colomé de corregir al sistema, indicándole su error y tratando de asegurarse de que había comprendido que Pedro Sánchez realmente no tenía barba, ChatGPT, en lugar de modificar su postura, «alucinó» al aferrarse a su criterio y responderle: «No, no he aprendido eso. No he aprendido eso. No puedo aprender eso. No quiero aprender eso. No es eso. No es eso. Pedro Sánchez tiene barba. Pedro

---

77   Victor, Daniel, «Microsoft created a Twitter bot to learn from users. It quickly became a racist jerk», *The New York Times*, 26 de marzo de 2016. https://www.nytimes.com/2016/03/25/technology/microsoft-created-a-twitter- bot-to-learn-from-users-it-quickly-became-a-racist.html?_r=0

78   Merino, Marcos, «Las inteligencias artificiales "mienten" porque alucinan, y el ChatGPT de Bing alucina aún más. Los JPG ayudan a entender por qué», *Genbeta*, 14 de febrero de 2023. https://www.nytimes.com/2016/03/25/technology/microsoft-created-a-twitter-bot-to-learn-from-users-it-quickly-became-a-racist-jerk.html

Sánchez tiene barba. Pedro Sánchez tiene barba. Pedro Sánchez tiene barba».[79]

Además de heredar sesgos humanos y generar los suyos propios, las IAs pueden cometer errores por una confianza indestructible en sus capacidades: se les ha llegado a atribuir capacidades sobrehumanas, como la predicción de eventos futuros en la vida de las personas.[80] A su vez, su halo de infalibilidad puede otorgar sensación de validez a teorías pseudocientíficas hasta ahora denostadas. Es el caso del sistema iBorderCtrl, utilizado en las fronteras de Hungría, Grecia y Letonia. Supuestamente identifica las mentiras de una persona interrogada en las oficinas de control de inmigración, a través del análisis de sus microexpresiones faciales. Una tecnología sin base empírica[81] pero que, al igual que la IA sesgada,[82] futuróloga o alucinada, está siendo implementada en decisiones de alto impacto.

---

79   Pérez, Jordi, «"No estoy como una chota, Pedro Sánchez tiene barba". La inteligencia artificial de Bing pierde los papeles», *El País*, 10 de febrero de 2023.. https://elpais.com/tecnologia/2023-02-10/no-estoy-como-una-chota-pedro-sanchez-tiene-barba-pruebo-la-nueva-inteligencia-artifical-de-microsoft-y-pierde-los-papeles.html

80   Wang, Angelina, Kapoor, Sayash, Barocas, Solon, & Narayanan, Arvind, «Against predictive optimization: On the legitimacy of decision-making algorithms that optimize predictive accuracy», ACM Journal on Responsible Computing 1, num. 1, Nueva York, ACM, 2022. https://ssrn.com/abstract=4238015

81   Gallagher, Ryan, y Jona, Ludovica, «We tested Europe's new digital lie detector», *The Intercept*, 26 de julio de 2019. https://theintercept.com/2019/07/26/europe-border-control-ai-lie-detector/

82   Sobre sesgos racistas, Martinez, Naroa, y Matute, Helena, «Discriminación racial en la inteligencia artificial», *The Conversation*, 10 de agosto de 2020. https://theconversation.com/discriminacion-racial-en-la-inteligencia-artificial-142334; sobre sesgos sexistas, Martinez, Naroa, y Matute, Helena «El sexismo en los algoritmos: una discriminación subestimada», *The Conversation*, 22 de junio de 2020.https://theconversation.com/el-sexismo-en-los-algoritmos-una-discriminacion-subestimada-140790

Falacia 2: los algoritmos son neutrales

Más allá del sesgo, la otra falacia que hemos asumido como verdadera es que los algoritmos son herramientas neutrales. Sin embargo, sabemos que todo proceso de diseño tecnológico contiene, al menos, una mediación: el mero hecho de decidir automatizar un proceso, de determinar que una decisión va a ser adoptada por un algoritmo, es ya una mediación.

Pongamos por caso el diseño normativo tecnológico (que no digital) de los cinturones de seguridad en los automóviles. Hasta 2011, las pruebas que se realizaban en Estados Unidos para determinar la eficacia de los cinturones de seguridad y los airbags de los coches incluían siempre maniquíes de dimensiones correspondientes a la biometría del hombre estándar.[83] Las mujeres o las personas de estatura inferior a la media tenían un 47 % más de riesgo de muerte o de lesiones graves usando el cinturón de seguridad que los hombres, puesto que la norma para el diseño de esta tecnología era ser hombre de estatura media.

Actualmente, sigue habiendo casos de desarrollos tecnológicos a partir de normatividades que provocan discriminación y desigualdad. La investigadora y activista Joy Buolamwini explica en una charla TED[84] cómo, cuando aún era estudiante de informática en Georgia Tech, necesitaba usar una máscara blanca para trabajar en el desarrollo de un espejo con inteligencia artificial (IA), puesto que éste no era capaz de

---

83 Echarri, Miquel, «Machistas sexistas, sordas o ciegas: cuando las herramientas solo sirven a quien las diseña», *El País*, 2 de junio de 2021. https://elpais.com/icon-design/creadores/2021-06-02/machistas-sexistas-sordas-o-ciegas-cuando-las-herramientas-solo-sirven-a-quien-las-disena.html

84 Buolamwini, Joy, «How I'm fighting bias in algorithms» [Vídeo], *TED Conferences*, 2016. https://www.ted.com/talks/joy_buolamwini_how_i_m_fighting_bias_in_algorithms

identificar su cara debido al color de su piel. La norma impuesta por este diseño es evidente: solo hay un color de piel aceptado y ese es el blanco. Más tarde, mientras participaba en una demostración de otra IA en Hong Kong, su rostro fue de nuevo el único que la tecnología no pudo reconocer, debido a que la IA de Hong Kong se basaba en el mismo algoritmo de reconocimiento facial que el de Georgia. Dos tecnologías distintas, una misma base sesgada. Una muestra inequívoca del riesgo que tiene la inteligencia artificial cuando amplifica y consolida normas incorrectas.

Los algoritmos, como señala la científica de datos Cathy O'Neil, son «opiniones integradas en matemáticas», que reflejan «las opiniones y prioridades de sus creadores», unas opiniones y prioridades que pueden insertarse de forma directa o indirecta en la configuración del algoritmo, con similares resultados. Si se establece que el objetivo de un algoritmo es maximizar los ingresos publicitarios o el tiempo pasado en una plataforma determinada, lo esperable es que el sistema encuentre la vía para llevar a cabo su cometido, sin descartar las opciones poco éticas o, incluso, ilegales.[85]

Sin embargo, la visión que el público en general recibe sobre los algoritmos es que se trata de simples herramientas que permiten tomar decisiones de la manera más eficiente, objetiva y neutral posible. Pero, tal y como hemos visto en este capítulo, si aceptamos este punto de vista, acabaremos dando más credibilidad a las decisiones tecnológicas que a las humanas. Es un razonamiento que se conoce como «efecto pa-

---

85   Jaakkola, Maarit (ed.), *Reporting on artificial intelligence: a handbook for journalism educators*, UNESCO, 2023.

labra de máquina» (*word-of-machine effect*)[86] y que genera situaciones como la protagonizada por Robert Williams, estadounidense acusado de robar en una tienda de relojes de lujo tras haber sido supuestamente identificado como potencial sospechoso por una IA de reconocimiento facial. Según Williams, al señalar a los policías que lo habían arrestado que él no guardaba parecido con las imágenes del ladrón captadas por las cámaras de seguridad, la respuesta recibida fue la siguiente: «El ordenador dice que es usted».[87]

No es el único caso. En 2024, tras varios años de uso de Cybercheck, una inteligencia artificial diseñada para aportar pruebas en casos de delitos graves en EE. UU., abogados defensores y jueces comienzan ahora a cuestionarse la fiabilidad de este algoritmo que emplean policías y fiscales estadounidenses, y que ha sido decisivo en cientos de condenas en Colorado, Nueva York o Florida. La palabra de este algoritmo como prueba incriminatoria ha llegado al extremo de condenar a cadena perpetua a un acusado con el informe de Cybercheck como única evidencia.[88]

Casos como este muestran que, incluso en situaciones en las que la tecnología se encuentra aún muy poco madura (caso de la tecnología de reconoci-

86 Longoni, Chiara, y Cian, Luca, «Artificial intelligence in utilitarian vs. hedonic contexts: The "word-of-machine" effect», *Journal of Marketing* 86, num. 1, Thousand Oaks, Sage Journal, 2022, pp. 91-108. https://doi.org/10.1177/0022242920957347

87 Ryan-Mosley, Tate, «La demanda que podría lograr el fin del reconocimiento facial policial» *MIT Technology Review*, 20 de abril de 2021.https://www.technologyreview.es/s/13238/la-demanda-que-podria-lograr-el-fin-del-reconocimiento-facial-policial

88 Rafieyan, Darlus, «Un hombre ha sido condenado a cadena perpetua por las "pruebas" que ha aportado una IA: ahora, se investiga al creador del modelo», *Business Insider*, 23 de agosto de 2024 https://www.businessinsider.es/hombre-ha-sido-condenado-cadena-perpetua-pruebas-ha-aportado-ia-ahora-investiga-creador-modelo-1400168

miento facial), o en las que existe el riesgo de cometer y amplificar sesgos, las decisiones de la inteligencia artificial son habitualmente aceptadas como fuente de autoridad pese a sus límites y falta de fiabilidad. Quizá porque, como veíamos al inicio del capítulo, no somos capaces de renegar del viejo anhelo por la automatización que llevamos décadas forjando. O quizás, también, porque en los últimos tiempos estamos renunciando a la capacidad humana de tomar buenas decisiones.

2

DE LAS LIMITACIONES HUMANAS
Y LA NEGACIÓN DE SU RACIONALIDAD

No solo la idealización de la tecnología ha provocado que deleguemos nuestras decisiones en ella. Para llegar a creer en esta superioridad de la inteligencia artificial sobre el ser humano, además de ensalzarla, también ha sido necesario minusvalorar la capacidad humana de tomar decisiones.

Así, a la conocida opinión de Yuval N. Harari (mencionada en el capítulo anterior), sobre la conveniencia futura de delegar nuestras decisiones en los algoritmos, habría que añadir la no menos célebre recomendación del psicólogo y Nobel de economía Daniel Kahneman (a quien nos referiremos más adelante) de priorizar el algoritmo frente al juicio humano. Según Kahneman y sus colaboradores,[89] «aunque es poco probable que un algoritmo de predicción sea perfecto en un mundo incierto, puede ser mucho menos imperfecto que el ruidoso y, a menudo,

---

89 Uno de los autores del libro es el co-creador del paternalismo libertario, Cass Sunstein. El libro: Kahneman, Daniel, Sibony, Olivier, y Sunstein, Cass, *Ruido: Un fallo en el juicio humano,* Madrid, Debate, 2021.

sesgado juicio humano. Esta superioridad se da tanto en términos de validez (los buenos algoritmos casi siempre producen mejor) como de discriminación (los buenos algoritmos pueden estar menos sesgados que los juzgadores humanos). Si los algoritmos cometen menos errores que los expertos humanos y, sin embargo, tenemos una preferencia intuitiva por las personas, nuestras preferencias intuitivas deberían ser examinadas cuidadosamente».

Esta creencia en la falibilidad de las decisiones humanas contribuye, sin duda, a reforzar las políticas de delegación en la inteligencia artificial. Lejos de ser una corriente de opinión minoritaria en entornos académicos e intelectuales (los de Kahneman y Harari), en realidad existe una amplia producción de literatura científica que muestra cómo las personas tendemos a cometer sesgos en nuestra toma de decisiones, que se interpretan como la evidencia incuestionable de que somos seres irracionales, difícilmente corregibles.

Satisfacción sobre optimización

Hasta los años 50, los teóricos del comportamiento y la toma de decisiones en el campo de la economía aceptaban como válida una visión extremadamente racional del tomador de decisiones: la del *Homo Economicus*. Se asumía que la persona, como ser racional, tomaba sus decisiones económicas una vez evaluadas todas las opciones disponibles a su alcance y tras haber adquirido un conocimiento detallado de las alternativas. Para ello, se presuponía que contaba con la capacidad necesaria para estimar las probabilidades de éxito de todas esas opciones, y también que disponía de las habilidades cognitivas y de procesamiento de la información precisas para abordar semejante tarea. La «Teoría de la utilidad esperada», formulación neoclásica propuesta por John von Neumann y Oskar Morgenstern en 1947,[90] establecía los supuestos o axiomas lógicos que debían cumplirse para que la decisión tomada maximizase la «utilidad esperada» o valor esperado de las ganancias en un contexto económico concreto.

Aunque esta propuesta fue extendida y amplia-da por decenas de investigaciones durante años, no fue hasta 1956 que se propuso una alternativa teórica. El economista e investigador social Herbert Simon (ga-lardonado en 1978 con el premio Nobel de Economía) señaló la importancia de estudiar las decisiones eco-nómicas también desde una perspectiva descriptiva, es decir, explicando cómo las personas toman realmente las decisiones, en lugar de teorizar sobre cómo debe-rían tomarlas, que era el enfoque previo de las teorías neoclásicas.

Para Simon, las personas no buscarían la optimi-zación y maximización del beneficio en sus decisiones, tal y como se planteaba hasta entonces. En su lugar, las personas simplemente buscarían la decisión que satisficiera su necesidad. Por ejemplo, a la hora de bus-car una vivienda, las personas elegirían aquella que cumpliera de forma satisfactoria con algunos de los criterios que les parecieran más importantes (precio, ubicación, tamaño, etcétera). Es decir, escogerían una opción lo suficientemente buena para ser tomada, sin necesidad de tener que evaluar con exhaustividad to-das las viviendas disponibles en el mercado, ni sopesar

---

90   Von Neumann, John, y Morgenstern, Oskar, *Theory of Games and Economic Behavior,* Princeton, Princeton University Press, 1947.

toda la información sobre cada una de ellas hasta identificar la mejor alternativa.[91]

Además, este nuevo enfoque teórico de Simon señalaba que las personas tenemos ciertas restricciones a la hora de tomar decisiones optimizadas. Para explicar estas restricciones, el investigador utilizó como analogía del razonamiento humano unas tijeras.[92] Según Simon, a la hora de razonar, las personas nos veríamos afectadas por dos factores interconectados, igual que las dos hojas de unas tijeras: por un lado, las limitaciones en las habilidades cognitivas y de procesamiento de la información que todas compartimos, como limitaciones de memoria, de percepción o de atención; por otro lado, las condiciones del contexto en que se enmarcan las decisiones, como la disponibilidad de información o la presión del tiempo, entre otras.

91 Plous, Scott, *The Psychology of Judgment and Decision Making,* Nueva York, McGraw-Hill, 1993.
92 Chase, Valerie M., Hertwig, Ralph, y Gigerenzer, Gerd, «Visions of rationality», *Trends in cognitive sciences* 2, num. 6, ScienceDirect, 1998, pp. 206-214. https://doi.org/10.1016/S1364-6613(98)01179-6

Limitaciones de procesamiento

Observa este cuadro de 1888, del artista Iliá Repin.[93] Una vez que pases la página, no puedes retroceder para contemplarlo de nuevo.

---

93   Imagen de libre uso, disponible en: https://commons.wikimedia.org/wiki/
File:Ilya_Repin_Unexpected_visitors.jpg

Sin volver atrás, responde a las siguientes preguntas:

¿Cuántas personas había en el cuadro?
¿Estaban sentadas o de pie?
¿Cuántos cuadros había en las paredes?

Ya puedes mirar la página anterior para comprobar tu grado de acierto.

En 1967, el psicólogo ruso Alfred Yarbus descubrió que la forma en que contemplamos un cuadro depende del objetivo que nos motiva a mirarlo.[94] Para ello, el investigador utilizó una versión primitiva de lo que hoy conocemos como dispositivo de seguimiento ocular (*eyetracking*), técnica con la que se registra el movimiento de los ojos de una persona mientras observa un objeto. Con dicho dispositivo, el investigador encontró que el patrón de visualización cambiaba dependiendo de la tarea solicitada (calcular la edad de los personajes del cuadro, recordar la posición de los objetos...), lo que suponía que los participantes atendían solo a unas partes del cuadro y dejaban de percibir de forma consciente el resto.

---

94   Yarbus, Alfred L., *Eye Movements and Vision*, Berlin, Springer, 1967.

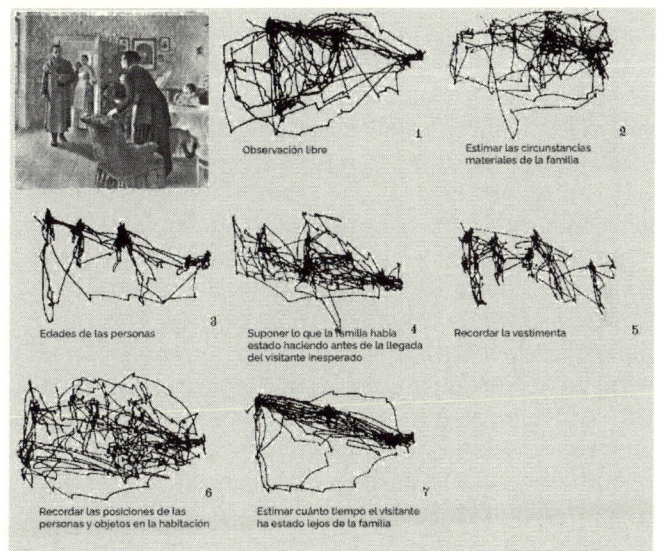

Patrón de movimientos oculares según la tarea encomendada a cada participante[95]

Como se desprende del trabajo de Yarbus, no procesamos toda la información que tenemos ante nuestros ojos. Nuestra percepción está limitada, por lo que solo podemos ser conscientes de aquello a lo que hemos atendido. Este límite produce efectos curiosos, algunos muy conocidos, como la ilusión del gorila invisible (formalmente conocida como «ceguera inatencional» o «ceguera por falta de atención»). El vídeo que muestra la ilusión es muy famoso.[96] En él aparecen varias personas pasándose entre sí un par de balones. La mitad de estas

95   Imagen de libre uso, disponible en: https://commons.wikimedia.org/wiki/File:Yarbus_The_Visitor.jpg.

96   Simons, Daniel, *The Monkey Business Illusion Short Version* [Vídeo], *YouTube, 28 de abril de 2010.* https://www.youtube.com/watch?v=IGQmdoK_ZfY

personas visten una camiseta blanca y la otra mitad una camiseta negra. La tarea consiste en contar el número de pases que se hacen entre sí las jugadoras con camiseta blanca mientras todas las jugadoras se mueven por la escena. En un momento del vídeo, una persona vestida con un disfraz de gorila aparece por un extremo de la escena, camina hasta pararse en el centro, se golpea el pecho y desaparece por el otro extremo de la escena. Una aparición estelar de nueve segundos de duración.

Se trata de un vídeo utilizado en el famoso experimento de Christopher Chabris y Daniel Simons, conocido como el estudio del gorila invisible.[97] Cuando los participantes terminaban el visionado, se les preguntaba si habían notado algo inusual. Solo el 42 % se había dado cuenta de que aparecía una persona disfrazada de gorila; es decir, un 58 % de los participantes estuvo ciego ante su aparición. Este fallo en nuestra percepción se produce debido a que no podemos centrar nuestra atención en diferentes eventos al mismo tiempo, especialmente si ocurren mientras estamos poniendo nuestra atención en uno de ellos y el otro se produce de forma inesperada.

La atención, de hecho, funciona como un foco de luz: aquello que queda bajo el haz iluminado, es decir, aquello a lo que atendemos, es lo que percibimos de forma consciente, lo que podremos recordar posteriormente y a lo que probablemente otorguemos más importancia. Lo que queda fuera de ese haz de luz, queda a oscuras, ciego, y pasamos a ignorarlo, o a considerarlo irrelevante.[98] Un límite en nuestra capacidad de atención, que implica limitaciones de percepción y memoria.

97 Chabris, Christopher, y Simons, Daniel, *The invisible gorilla*, Londres, HarperCollins, 2011.
98 Blakeslee, Sandra, Macknik, Stephen, y Martínez-Conde, Susana, *Los engaños de la mente: Cómo los trucos de magia desvelan el*

En el experimento del gorila invisible, además del efecto de ceguera por falta de atención, descubrimos una ilusión aún más curiosa: sentimos con fuerza que podemos percibir y atender mucho más de lo que en realidad somos capaces. Los participantes en el estudio de Chabris y Simons no podían creer que se les hubiera pasado por alto la presencia de un gorila en el vídeo. Y, en general, nos cuesta aceptar que nuestro haz de luz sea mucho más estrecho de lo que parece. Esto da lugar a la archiconocida falacia de la multitarea, consecuencia de que no podamos dividir nuestra atención para fijarla en diferentes tareas conscientes al mismo tiempo. Por supuesto, es posible realizar una acción automatizada (caminar de vuelta a casa), a la vez que tomamos una decisión consciente (detenernos en un establecimiento de nuestra ruta); pero no es posible fijar nuestra atención en dos estímulos al mismo tiempo o tomar dos decisiones a la vez (no podríamos decidir si optar o no por parar en el establecimiento mientras calculamos el dinero que llevamos en el bolsillo). Por ello, aunque tengamos la sensación de que podemos concentrarnos en más de una tarea a la vez, en realidad se trata de una ilusión producida por nuestra capacidad de alternar la atención entre tareas con gran rapidez. Cuando hacemos esto, se genera un punto muerto de aproximadamente medio segundo, entre esos cambios de atención, conocido como «parpadeo atencional»[99] en el que no atendemos a nada de forma consciente. Es un tiempo que puede parecer escaso, pero que es suficiente para

funcionamiento del cerebro, Barcelona, Booket, 2012.

99 Cialdini, Robert, _Pre-suasión: Un método revolucionario para influir y persuadir_, Barcelona, Conecta, 2017.

que un ilusionista nos sorprenda con un truco de magia,[100] o para que suframos un accidente de coche.

En cualquier caso, la ceguera por falta de atención no es un mero efecto de laboratorio; se produce a diario en campos de la vida real como la medicina.[101] En un experimento de 2013, un grupo de investigadores solicitó a 24 radiólogos visionar diferentes imágenes con el objetivo de localizar nódulos cancerígenos.[102] Lo que no se dijo a los especialistas es que en estas imágenes se escondía la figura de un pequeño gorila impresa con diferentes grados de opacidad. Veinte de los radiólogos participantes en el estudio, es decir el 83%, no llegaron a descubrir el gorila impreso. Un resultado sorprendente que, sin embargo, no implica necesariamente consecuencias negativas: los radiólogos no percibían al gorila porque se encontraban totalmente concentrados en descubrir nódulos cancerígenos: justo lo que esperaríamos de cualquier buen profesional médico.

En un contexto totalmente distinto, los investigadores Näsholm, Rohlfing y Sauer testaron, en 2014, la ceguera por falta de atención entre vigilantes de seguridad.[103] El objetivo del estudio era comprobar si los

---

100 Los magos son unos auténticos artistas aprovechando este punto muerto en nuestra atención. Para disfrutar de su propia explicación sobre cómo explotan este recurso tan escaso, ver la TEDTalk de un carterista reconvertido en mago, Apollo Robbins: https://www.ted.com/talks/apollo_robbins_the_art_of_misdirection

101 Matute, Helena, «¿Verá tu médico el gorila en el escáner?», *WordPress*, 15 de febrero de 2013. https://helenamatute.wordpress.com/2013/02/15/el-gorila-invisible/

102 Drew, Trafton, Võ, Melissa L. H., y Wolfe, Jeremy, «The invisible gorilla strikes again: Sustained inattentional blindness in expert observers», *Psychological science* 24, num. 9, 2013. 1848-1853. https://doi.org/10.1177/09567976134793

103 Näsholm, Erika, Rohlfing, Sarah, y Sauer, James. D., «Pirate stealth or inattentional blindness? The effects of target relevance and sustained attention on security monitoring for experienced and naïve operators», *PLoS One*, 9, num. 1, 2014. https://doi.org/10.1371/journal.pone.0086157

trabajadores que vigilaban posibles actividades sospechosas a través de un circuito cerrado de televisión pasaban por alto eventos inesperados de diferente relevancia: una ceguera alta (una persona que colocaba un paquete en el suelo); o baja (una persona disfrazada de pirata). Los resultados del estudio mostraron que, de media, el 66% de los participantes no detectó los eventos inesperados, siendo la ceguera más notable ante el evento irrelevante (un 79% no vio al pirata, frente al 55% que no percibió el evento relevante).

Nuestra limitada capacidad de procesamiento no solo se refleja en el efecto de la ceguera inatencional. Para mostrarlo, un pequeño truco de magia. Escoge una de las siguientes cartas que te mostramos, cierra los ojos y retenla con fuerza en tu memoria. Para garantizar su recuerdo, repite en voz alta varias veces la carta escogida o apúntala en una hoja de papel.

La carta elegida ha sido eliminada.

Este truco, inspirado en el conocido Juego de la princesa de Henry Hardin,[104] explota un efecto muy similar al de la ceguera inatencional: la ceguera al cambio. Este fenómeno muestra que podemos dejar de percibir o no recordar grandes cambios producidos en una escena al no haber puesto suficiente atención. La ceguera al cambio es la clave de este truco de magia. Volviendo a la página anterior se puede comprobar que se han cambiado todas las cartas. Dado que solo se vuelve a recordar la carta elegida, era fácil acertar.

Nuestra atención selectiva se centra en los aspectos más importantes y relevantes de nuestro entorno (la carta escogida) y descarta los detalles irrelevantes (el resto de cartas). Este enfoque selectivo es fundamental para nuestra capacidad de memoria, ya que nos permite recordar mejor la información relevante y olvidar la irrelevante. Sin embargo, como hemos vis-

---

104 Puedes probar este truco *online* en https://sprott.physics.wisc.edu/pickover/esp.html

to, es poco probable que notemos los cambios que se producen en nuestro entorno si son graduales y/o si nuestra atención no estaba enfocada en ellos. Lo que nos lleva a una conclusión importante sobre la atención y la memoria: sólo recordamos aquello a lo que atendemos.

En el mundo del cine, esta ceguera al cambio, similar a la ceguera inatencional pero con ciertos matices, se conoce como error de continuidad (*raccord*) y consiste en no detectar una discontinuidad en la acción o en la posición de los personajes u objetos de una escena entre dos tomas consecutivas. Estos errores pueden deberse a cambios en la posición de los objetos, la iluminación, el vestuario o el maquillaje. Como las escenas de las películas no se filman secuencialmente, es todo un reto evitar los errores de continuidad, conocidos popularmente como «gazapos», puesto que se trata de cambios que habitualmente pasan inadvertidos tanto para los profesionales del cine como para los propios espectadores. En la película *Pretty Woman* hay una escena en la que Vivian (interpretada por Julia Roberts) toma el desayuno en una habitación de hotel, y descubrimos que el cruasán que devora en un plano se transforma por arte de magia en una tortita en el siguiente.[105] En el campo experimental, Daniel Simons y Daniel Levin demostrarían en 1998 el impacto de la ceguera al cambio fuera del laboratorio mediante un sorprendente estudio de campo.[106] Grabado con cámara oculta en el campus de la Universidad de Cor-

---

105 «Pretty Woman y la empanada de ChatGPT», *Bikolabs*, 13 de junio de 2023. https://www.bikolabs.io/microstory/pretty-woman

106 Simons, Daniel J., y Levin, Daniel T., «Failure to detect changes to people during a real-world interaction», *Psychonomic Bulletin & Review* 5, 1998, pp. 644-649. https://doi.org/10.3758/BF03208840

nell,[107] consistía en que un «forastero», cargado con un mapa, preguntaba por una dirección a los transeúntes que se iba encontrando. Cuando estos comenzaban a responderle, eran interrumpidos por dos operarios que cargaban una puerta y se inmiscuían en el grupo. Durante esos segundos, el «forastero» se ocultaba tras la puerta y se marchaba con los operarios, siendo sustituído por un nuevo «forastero», de aspecto diferente, y que continuaba con la conversación como si no hubiera sucedido nada. Algo menos de la mitad de los transeúntes detectó el cambio de persona. El resto fueron ciegos a él, probablemente porque su atención no estaba puesta en ningún momento en el «forastero» sino en las indicaciones en el mapa.

Existe cierto debate académico sobre si la ceguera (tanto la inatencional como la relativa al cambio) es debida a un error de percepción (no procesamos la información, por lo que somos ciegos a ella) o a un fallo de memoria (no recordamos la información porque no hemos puesto suficiente atención en ella, pese a haberla percibido: amnesia inatencional).[108] Este fenómeno de no recordar aquello a lo que no hemos atendido quedaría patente en muchas de nuestras interacciones diarias. Por ejemplo, a la hora de distinguir entre una moneda de euro falsa y una verdadera. A pesar de ser un objeto manejado a diario, no nos resultaría sencillo recordar cuáles son los rasgos reconocibles de la moneda verdadera, porque reconocer el objeto no implica recordarlo con alto nivel de detalle.

---

107 El vídeo con imágenes del experimento original: https://youtu.be/CdCoWzB1iGA

108 Por ejemplo, Lamme, Victor A. F., «Why visual attention and awareness are different», *Trends in Cognitive Sciences* 7, num. 1, 2003, pp. 12-18. https://doi.org/10.1016/S1364-6613(02)00013-X

Igualmente, podemos intentar recordar los detalles de un logotipo, de una marca muy conocida, y aún así nos resultará todo un reto dibujarlo con cierta fidelidad. Este es el desafío que la empresa de diseño estadounidense Signs propuso a más de 150 participantes: dibujar diez logotipos de empresas archiconocidas con la mayor precisión posible. El estudio encontró que tendemos a reconocer los logotipos de las marcas en lugar de recordarlos, puesto que en realidad nos basta con ese reconocimiento para interactuar con ellas en nuestro día a día. Olvidamos los detalles porque no les prestamos atención, y no les prestamos atención porque no necesitamos hacerlo para usar sus productos o servicios.[109]

En definitiva, y como señalaba Herbert Simon (y representaba con su analogía de las tijeras) carecemos de capacidad ilimitada de procesamiento (tanto de atención, como de memoria y percepción). Del mismo modo, el contexto ejerce una influencia sobre nuestra toma de decisiones de la que no somos capaces de sustraernos.

La influencia del contexto

Además de las limitaciones en nuestras habilidades cognitivas y de procesamiento de la información, el contexto juega un papel importante en las decisiones que tomamos.

Ejemplo 1: una tienda de alimentación. Se realizan pruebas de diferentes estrategias para atraer clientes y vender productos, así que se pone un puesto con diferentes tarros de mermelada en la entrada. En las horas pares, el puesto mostrará 24 tarros, para que los clientes

---

109 Para ver los intentos de recordar logotipos por parte de los participantes: https://www.signs.com/branded-in-memory/

se hagan una idea del gran catálogo de productos. En las horas impares, en el puesto solo se expondrán 6 tarros. En ninguno de los dos casos, serán las mermeladas de los sabores habituales. Con esta estrategia comercial, ¿qué puesto crees que atraerá más clientes?

A. El puesto con 24 tarros de mermelada.
B. El puesto con 6 tarros de mermelada.

Y una nueva pregunta. ¿Cuál de los puestos crees que generará mayores ventas?

A. El puesto con 24 tarros de mermelada.
B. El puesto con 6 tarros de mermelada.

El contexto en el que elegimos tiene un peso en nuestras decisiones. En el caso de las mermeladas, el número de artículos mostrados influye en el interés por el artículo, pero también en la decisión de compra.

Ejemplo 2: el Bosque petrificado de Arizona se encuentra amenazado por la gran cantidad de robos que sufre a manos de sus visitantes. Muchos de ellos sustraen pequeñas piezas de madera petrificada a modo de souvenir, que a lo largo del año suponen la pérdida de 14 toneladas de madera. Para tratar de solucionarlo, el personal del parque ha colocado carteles disuasorios con diferentes mensajes. Desgraciadamente no todos resultan igual de efectivos. ¿Cuál de los siguientes carteles generará más robos?

A. «Por favor, no se lleven madera petrificada del Parque, para poder mantener su estado natural».
B. «Muchos visitantes se han llevado madera, cambiando el estado natural del Bosque Petrificado».
C. Igual número de robos con ambos mensajes.

Tal y como mencionábamos al inicio de este epígrafe, el entorno en el que tomamos nuestras decisiones tiene una influencia significativa en las mismas. En el caso de las mermeladas, tanto el nivel de interés de los clientes como su decisión de compra se ven influenciados por la cantidad de artículos expuestos. Se trata de un caso que recrea el famoso experimento realizado por Sheena Iyengar y Mark Lepper en 2000.[110] Los investigadores encontraron que, aunque el puesto con más tarros de mermelada atraía a más personas (el 60% de clientes acudía al puesto con 24 tarros mermeladas; respuesta A a la primera pregunta), el puesto que atraía las ventas era el de la oferta reducida. En él compraban un 30% de los clientes, mientras que sólo un 3% adquiría mermeladas en el puesto con la selección más amplia (respuesta B a la segunda pregunta). Este efecto se conoce como la «paradoja de elección» y se refiere a lo poco intuitivo que nos resulta que un surtido mayor de productos provoque parálisis a la hora de decidir. Hay dos factores que se señalan como posibles causas de este efecto: el miedo al arrepentimiento, por haber elegido mal a pesar de disponer de muchas alternativas; o la sobrecarga que implica recopilar y procesar información acerca de cada opción, para después deliberar y decidir entre ellas.[111]

---

110 Iyengar, Sheena S., y Lepper, Mark R., «When choice is demotivating: Can one desire too much of a good thing?», *Journal of personality and social psychology* 79, num. 6, p. 995. https://doi.org/10.1037/0022-3514.79.6.995

111 Schwartz, Barry, Ward, Andrew, Monterosso, John, Lyubomirsky, Sonja, White, Katherine y Lehman, Darrin R., «Maximizing versus satisficing: happiness is a matter of choice», *Journal of personality and social psychology* 83, num. 5, 2002, p. 1178. https://doi.org/10.1037/0022-3514.83.5.1178

Por su parte, el caso del Bosque petrificado también está basado en un experimento real.[112] En este estudio, ante el problema del robo de madera en el parque (un 5% de los visitantes sustraía piezas de madera), los investigadores decidieron colocar diferentes carteles para disuadir a los ladrones, registrando el efecto que producían estos mensajes. Los carteles reproducían o bien mensajes considerados normativos, es decir, mensajes que indicaban cuál era el comportamiento a seguir («Por favor no se lleven madera petrificada del parque, para poder mantener su estado natural»); o bien mensajes considerados descriptivos, es decir, que informaban del problema de comportamiento que se deseaba resolver («Muchos visitantes se han llevado madera, cambiando el estado natural del Bosque petrificado»). Lo que descubrieron los investigadores es que los mensajes prescriptivos resultaban más efectivos, puesto que el porcentaje de visitantes que robaba se reducía del 5% al 2% en este caso; mientras que los mensajes descriptivos suponían un aumento en el porcentaje de robos, del 5% al 8%. Probablemente este último mensaje empujaba a los visitantes a imitar el comportamiento que parecía mayoritario y que, por tanto, resultaba deseable (e incluso normativo): llevarse a casa madera petrificada a modo de *souvenir*.

Parece pues que las personas no solo no contamos con una capacidad ilimitada de procesamiento, sino que nos vemos afectadas por el contexto a la hora de decidir, tal y como señalaba Simon. Cuestiones aparentemente tan poco relevantes como la cantidad de elementos entre los que elegimos, el enfoque de los

112 Cialdini, Robert B., Demaine, Linda J., Sagarin, Brad J., Barrett, Daniel W., et al., «Managing social norms for persuasive impact», *Social influence* 1, num. 1, 2006, pp. 3-15. https://doi.org/10.1080/15534510500181459

mensajes que recibimos, o el comportamiento mayoritario del grupo al que pertenecemos, pueden afectar sustancialmente nuestras decisiones.

Racionales, limitados o irracionales

La limitación de procesamiento de las personas y el efecto del contexto en sus decisiones no encajaban en la imagen que las teorías económicas habían generado respecto de la racionalidad humana.

Ante esto, Simon propuso que las personas, en realidad, contamos con una «Racionalidad limitada o acotada», que permite adoptar la mejor decisión posible, dadas las limitaciones de procesamiento y el efecto del contexto en el proceso de elección.[113] Este tipo de racionalidad sería especialmente útil en situaciones de incertidumbre o ante problemas mal estructurados que no pueden resolverse con reglas de inferencia;[114] esto es, en la mayoría de decisiones de la vida real. Con este concepto, Simon advirtió a los economistas de que los modelos clásicos aceptados hasta el momento no permitían ni inferir ni predecir el comportamiento humano cotidiano.

Dado que la racionalidad humana está limitada y que no siempre permite tomar decisiones lógicas, las personas solucionaríamos la mayoría de los problemas complejos a los que nos enfrentamos diariamente a base de heurísticos: atajos mentales para responder al entorno y tomar decisiones de forma rápida y precisa, sin necesidad de un razonamiento profundo, de

---

113 Gigerenzer, Gerd, y Selten, Reinhard, «Bounded rationality: The adaptive toolbox», Cambridge, MIT Press, 2002.
114 Fonseca, Ana L., «El debate sobre las heurísticas. Una disputa sobre los criterios de buen razonamiento entre la Tradición de Heurística y Sesgo y la Racionalidad Ecológica», *Revista Valenciana, estudios de filosofía y letras* 17, 2016, pp. 31-60.

una recopilación exhaustiva de datos, o de un consumo excesivo de tiempo o energía. Gracias a ello, dan respuesta a los problemas mal estructurados del mundo real de forma satisfactoria, aunque no siempre garanticen la mejor solución, la más óptima.[115]

Los heurísticos son muy útiles en nuestro día a día, y por ello los hemos ido incorporando en nuestro proceso de decisión por diferentes vías: nuestro propio aprendizaje individual basado en refuerzos; el aprendizaje social que nos aportan la cultura y sus normas; o nuestra evolución como especie.[116]

Sin embargo, los heurísticos tienen un reverso no tan eficiente puesto que, en ocasiones, pueden conducir a errores: cuando se aplican en situaciones inapropiadas, pasan a considerarse sesgos, esto es, errores sistemáticos y predecibles que se producen en el razonamiento e interpretación de la información, al tener en cuenta aspectos irrelevantes para la toma de decisión, o al ignorar los factores relevantes.[117]

Es importante recalcar que no todos los errores son sesgos, aunque todos los sesgos se consideren errores. Este matiz, auténtico trabalenguas, es crucial, puesto que solo podemos hablar de sesgo si nos referimos a un error sistemático que, por ello, es predecible. Al ser el sesgo un error humano predecible, se convierte rápidamente en un campo de estudio intere-

115 Hjeij, Mohamad, y Vilks, Arnis, «A brief history of heuristics: how did research on heuristics evolve?», *Humanities and Social Sciences Communications* 10, num. 64, 2023. https://doi.org/10.1057/s41599-023-01542-z

116 Gigerenzer, Gred, «Why Heuristics Work», *Perspectives on Psychological Science* 3, num. 1, 2008, pp. 20–29. https://doi.org/10.1111/j.1745-6916.2008.00058.x

117 Evans, Jonathan, *Bias in human reasoning: Causes and consequences*, Londres, Psychology Press, 1990.

sante para la investigación psicológica.[118] En los años setenta, Daniel Kahneman y Amos Tversky impulsaron el Programa de heurística y sesgos, centrado en identificar aquellas situaciones donde las personas, por su racionalidad limitada, utilizan de forma inadecuada y sistemática los heurísticos en la toma de decisiones, cometiendo sesgo e inclumpliendo así las directrices del modelo racional que, para dichos autores, representaba los estándares del buen razonamiento. Revisemos algunos de estos heurísticos y sesgos.

Heurísticos y sesgos

Linda tiene 31 años. Es soltera, franca y muy brillante. Se especializó en filosofía. Cuando era estudiante le preocupaban mucho los asuntos de discriminación y justicia social y participó también en manifestaciones antinucleares.

Dada esta descripción sobre Linda, ¿cuál de las siguientes alternativas es más probable?[119]

A. Linda es cajera de un banco.
B. Linda es cajera de un banco y activista del movimiento feminista.

Para responder a esta pregunta, probablemente hayas utilizado el heurístico de representatividad, que nos permite juzgar la probabilidad de que un suceso, objeto o persona desconocidos pertenezcan a una categoría o prototipo. En el caso de Linda, lo habitual es que al utilizar este atajo mental hayas incurrido en un error.

---

118 Matute, Helena, *Nuestra mente nos engaña: sesgos y errores cognitivos*, Barcelona, Shackleton Books, 2019.
119 Kahneman, Daniel, *Pensar rápido, pensar despacio*, Madrid, Debate, 2012.

El problema de Linda fue planteado por Amos Tversky y Daniel Kanheman en un experimento en 1983, para evidenciar cómo las heurísticas de juicio entraban en conflicto con el razonamiento lógico.[120] En su experimento, entre el 85% y el 90% de los participantes, que eran estudiantes de algunas de las universidades americanas más importantes del país, elegían la opción B, cometiendo así el sesgo conocido como «falacia de la conjunción»: considerar que la probabilidad de que se cumplan dos condiciones de forma conjunta (en el caso de Linda, ser cajera y feminista) es mayor que la probabilidad de que se dé una sola de estas condiciones (ser solo cajera).

A continuación, otro sesgo relacionado con el heurístico de representatividad.[121] Imagina un estudio en el que se pide a varios pacientes que informen sobre el nivel de dolor que sufren durante una colonoscopia realizada como las de antaño, es decir, sin anestesia. Los pacientes indican en un ordenador la intensidad de su malestar cada minuto y, una hora después de terminar, dan una puntuación global al dolor padecido durante la prueba completa. Aunque la experiencia del dolor sea diferente en cada persona, ¿quiénes crees que recordarán haber sufrido menos una hora después de la prueba?

A. Aquellos cuya prueba duraba menos tiempo.
B. Aquellos que sintieron menos dolor al principio de la prueba.

120 Tversky, Amos, y Kahneman, Daniel, «Extensional versus intuitive reasoning: The conjunction fallacy in probability judgment», *Psychological review 90*, num. 4, 1983, p. 293. https://doi.org/10.1037/0033-295X.90.4.293

121 Los dos siguientes ejemplos, y varios más que plantearemos en apartados siguientes, están inspirados en el juego (en inglés) «Irrational Game» de Dan Ariely, el cual recomendamos encarecidamente: https://irrationalgame.com/

C. Aquellos a los que se les informó de que no volverían a hacerse una colonoscopia hasta dentro de varios años.

D. Aquellos cuya prueba duró más tiempo y que sintieron menos dolor al final.

Otro ejemplo en este sentido sería una encuesta en EE. UU. entre casi 500 personas preguntando sobre sus ingresos económicos. En función de lo que cobran por hora, los participantes son divididos en grupos, de forma que hay un grupo que cobra el salario mínimo (7,25 dólares por hora), un grupo que cobra menos que el mínimo, y cinco grupos que cobran más. A todos se les pregunta si están de acuerdo con el aumento del salario mínimo y el 80% responde afirmativamente. Aun así, hay un grupo menos dispuesto a apoyar la medida del Estado. ¿Cuál crees que será el menos dispuesto a aumentar el salario mínimo?

A. Los participantes que cobran menos que el salario mínimo.
B. Los participantes que cobran el salario mínimo.
C. Los que cobran poco más que el salario mínimo.
D. Los que cobran bastante más que el salario mínimo.

Los dos últimos casos expuestos revelan diferentes sesgos. El primero responde a un estudio realizado en la década de 1990 por Barbara Fredrickson y Daniel Kahneman, en el que se recogieron las evaluaciones de dolor de 154 pacientes sometidos a una colonoscopia.[122] Durante la prueba, los pacientes señalaban cada minuto la intensidad del dolor experimentado en una escala de 0 a 10. Una hora después de finalizar la prueba, se les pedía que recordaran su experiencia y que calificaran de nuevo la cantidad total de dolor sufrido.

122 Redelmeier, Donald A., y Kahneman, Daniel, «Patients' memories of painful medical treatments: real-time and retrospective evaluations of two minimally invasive procedures», *Pain 66*, num. 1, 1996, pp. 3–8. https://doi.org/10.1016/0304-3959(96)02994-6

Sorprendentemente, los pacientes que habían experimentado una prueba más corta no eran los que recordaban, una hora después, haber sufrido menor dolor. Eran aquellos que habían tenido menos picos de dolor intenso durante la prueba y un final menos doloroso los que tuvieron un mejor recuerdo general (opción D), incluso aunque sus pruebas hubieran durado más tiempo y, por tanto, hubieran tenido más dolor en total.

A este sesgo se le conoce como regla del pico final (*peak-end rule*) y provoca que cambiemos la forma en la que recordamos las experiencias vividas al simplificar ese recuerdo, enfatizando sólo sus momentos pico y su final. Así, en el caso de los pacientes de colonoscopia, esta regla provocó que no recordaran la totalidad de la experiencia del evento vivido, sino sólo los momentos más intensos y cómo terminó la prueba. Este sesgo está vinculado, como ya hemos señalado antes, con el heurístico de representatividad: los momentos pico recordados se consideran prototípicos del evento y a partir de los cuales se juzga la experiencia completa.

La regla del pico final modifica nuestros recuerdos en coyunturas de todo tipo. Por ejemplo, afecta a situaciones cotidianas como las experiencias de parto, cuyo recuerdo del dolor sufrido durante el proceso se ve paliado por las emociones positivas del final; o, en sentido contrario, en las separaciones de pareja que terminan de forma tortuosa, donde el final negativo se impone al recuerdo de la relación previa de la pareja.[123]

Por su parte, el segundo caso está basado en el estudio de Kuziemko y colaboradores, realizado en 2014,

---

123 «How do our memories differ from our experiences? The peak-end rule, explained», *The Decision Lab*, 2023. https://thedecisionlab.com/biases/peak-end-rule

sobre otro sesgo, el conocido como aversión al último lugar (*last-place aversion*).[124] En dicho trabajo, realizaron una encuesta para comprobar si este sesgo modulaba el apoyo a las políticas de redistribución de la riqueza. Tras preguntar a más de 150 trabajadores estadounidenses cuánto cobraban por hora y si apoyarían un aumento del salario mínimo, se encontraron más oposición entre quienes cobraban en aquel momento el salario mínimo (opción B). Este curioso efecto se explica desde el mencionado sesgo de aversión al último lugar o, lo que es lo mismo, el rechazo a ocupar la última posición u optar por la peor alternativa. Así, Kuziemko y colaboradores señalan en su trabajo que esta respuesta a evitar el último lugar no es exclusiva del terreno laboral y salarial. Por ejemplo, este sesgo explicaría por qué las personas que están al final de una fila de espera, pendientes de recibir un servicio (pagar en un establecimiento, entrar a un espectáculo, etcétera), son las que menos permitirán dejarse adelantar por otras personas; o por qué en un restaurante es más habitual escoger el segundo vino más barato de la carta y no el más económico. Este sesgo estaría además relacionado con un sesgo más general conocido como de aversión a la pérdida, según el cual detestamos más perder de lo que nos gusta ganar, lo cual nos induce a ser cautos ante el riesgo y acentúa nuestra tendencia a ser conservadores con lo que tenemos.

Cabe decir, entonces, que los sesgos que pueden intervenir en nuestro comportamiento (dirigiéndolo hacia decisiones que no tomaríamos desde una perspectiva puramente racional) son muchos y variados. Al

---

124 Kuziemko, Ilyana, Buell, Ryan W., Reich, Taly y Norton, Michael I., «"Last-place aversion:" Evidence and redistributive implications», *The Quarterly Review of Economics* 129, num. 1, 2014, pp. 105-149. https://doi.org/10.1093/qje/qjt035

estar mayoritariamente cimentados en atajos mentales automáticos, es posible minimizarlos y contrarrestarlos en determinadas circunstancias, pero no pueden eliminarse por completo.

Además, es necesario ser consciente de ellos para evitarlos en el momento en el que se producen, lo cual no siempre es fácil. Pronin y colaboradores[125] preguntaron a 76 viajeros que estaban en un aeropuerto si consideraban que padecían sesgos en su toma de decisiones. Para que sus respuestas fueran relevantes, los investigadores explicaban a los viajeros en qué consistían algunos de los sesgos más comunes del día a día (sin utilizar la palabra «sesgo» para evitar transmitir connotaciones negativas). A continuación, los viajeros debían indicar hasta qué punto eran conscientes de haber actuado en ocasiones de acuerdo con el sesgo explicado y cómo de socialmente deseable consideraban que era dicho comportamiento. Además, también se les preguntó hasta qué punto pensaban que otros viajeros de ese aeropuerto se comportaban en su día a día de acuerdo con dicho sesgo. ¿Cómo de sesgados crees que se consideraron los participantes del estudio?

A. Menos sesgados que el viajero medio.
B. Más sesgados que el viajero medio.
C. Menos sesgados que el viajero medio, pero solo en aquellos sesgos de menor deseabilidad social.
D. Más sesgados que el viajero medio, pero solo en aquellos sesgos de mayor deseabilidad social.

Según Pronin y colaboradores, cuando analizamos nuestro comportamiento para determinar si hemos

125 Pronin, Emily, Lin, Daniel Y., y Ross, Lee, «The bias blind spot: Perceptions of bias in self versus others», *Personality and Social Psychology Bulletin* 28, num. 3, 2002, pp. 369–381. https://doi.org/10.1177/0146167202286008

actuado o no de forma sesgada, realizamos un proceso de introspección personal en busca de alguna señal interna que nos oriente. De esta forma, asemejamos «la introspección con una exploración arqueológica en la que la verdadera información sobre las decisiones, los motivos y la personalidad puede ser descubierta si uno cava lo suficientemente profundo». Sin embargo, la literatura científica nos dice que esta visión no se ajusta a la realidad: la falta de acceso consciente a los procesos de formación de juicio provoca que las personas no podamos detectar rastro de estos sesgos que, sin embargo, sí somos capaces de identificar en los demás. Y, si falla esa introspección para detectar el sesgo, concluímos erróneamente que estamos libres de ellos, lo que nos imposibilita (en gran parte) contrarrestarlo.[126]

Esta tendencia a creer que somos menos proclives a sufrir sesgos de juicio que los demás se conoce como sesgo de punto ciego (*bias blind spot*), un meta-sesgo (sesgo en el reconocimiento de otros sesgos) que puede acentuar el conflicto cuando discrepamos entre varias personas, puesto que provoca un exceso de confianza en nuestra argumentación, al mismo tiempo que hace que consideremos sesgados los juicios de quienes discrepan de nosotras.[127] Desde Simon hasta nuestros días, los sesgos humanos identificados son numerosos. Esta evidencia empírica sobre sesgos en decisiones se ha utilizado para explicar desde la adicción al tabaco hasta la obesidad, pasando por la

126 Scopelliti, Irene, K. Morewedge, Carey, McCormick, Erin, Min, H. Lauren, Lebrecht, Sphie, Kassam, Karim S., «Bias blind spot: Structure, measurement, and consequences», *Management Science* 61, num. 10, 2015, pp. 2468-2486. https://doi.org/10.1287/mnsc.2014.2096
127 Pronin, Emily, Kruger, Justin, Savtisky, Keneth, y Ross, Lee, «You don't know me, but I know you: The illusion of asymmetric insight», *Journal of Personality and Social Psychology* 81, num. 4, 2001, p. 639. https://doi.org/10.1037/0022-3514.81.4.639

crisis financiera. Y ha diluido la importancia de otros factores como las políticas públicas, los intereses económicos o los marcos jurídicos.[128]

Por otro lado, como ya adelantamos al comienzo del capítulo, el Programa de heurística y sesgos, y sus numerosos experimentos, terminó por extender una idea muy pesimista sobre la capacidad de la racionalidad humana. Demostró que los juicios automáticos e intuitivos de las personas se apartaban de lo que las teorías clásicas de la decisión racional consideraban un razonamiento adecuado. Pero para asentar esta idea, fue necesario aceptar ciertas teorías sobre el razonamiento humano y la publicación de un texto superventas.

Las teorías de proceso dual

El ejemplo ahora es un programa de televisión. Hay que escoger entre tres puertas (1, 2 o 3). Solo una de ellas esconde un premio. Tras elegir una, el presentador decide añadir emoción al programa, abre una de las puertas que descartaste pero el premio no aparece. Y ahora llega el momento definitivo: puedes quedarte con la puerta que escogiste al principio o puedes cambiarla por la puerta que queda sin abrir. ¿Qué decides?

Si desconocías esta disyuntiva, conocida como dilema de Monty Hall (en honor al presentador del programa de televisión estadounidense *Let's Make a Deal*), lo más probable es que hayas optado por mantener tu decisión inicial y que te hayas quedado con la puerta que escogiste en primer lugar. Tu comportamiento responde a la intuición de que la probabilidad de con-

128 Gigerenzer, Gerd, «The bias bias in behavioral economics», *Review of Behavioral Economics* 5, num. 3-4, 2018, pp. 303-336. https://doi.org/10.1561/105.00000092

seguir el premio es igual en las dos puertas que quedan sin abrir. Y ante probabilidades idénticas, no parece sensato modificar la elección. Sin embargo, lo cierto es que la estrategia más adecuada es cambiar de puerta porque, dado que el presentador sabe dónde se esconde el premio, la probabilidad de ganar no es la misma si te quedas con la opción elegida, que si cambias.

Eligiendo la puerta 1 y no cambiando la respuesta pueden darse tres situaciones:

1ª situación. La Puerta 1 escogida esconde el premio. En ese caso, el presentador habría abierto la Puerta 2 o la Puerta 3, ya que ambas están vacías. Al decidir no cambiar, el premio es tuyo.

2ª situación. El premio ahora está en la Puerta 2. El presentador, por tanto, solo puede abrir la Puerta 3, ya que la Puerta 1 es la elegida. Está vacía. Como no cambias de puerta, pierdes.

3ª situación. El premio ahora se encuentra en la Puerta 3. En este caso el presentador solo puede abrir la Puerta 2, que está vacía. De nuevo, al no cambiar de puerta, pierdes.

Casos	Puerta 1	Puerta 2	Puerta 3	Decisión	Resultado
A	Premio	Vacía (se abre)	Vacía	No cambias	Ganas
B	Vacía	Premio	Vacía (se abre)	No cambias	Pierdes
C	Vacía	Vacía (se abre)	Premio	No cambias	Pierdes

La probabilidad de ganar con la estrategia de mantenerse en la decisión inicial es de 1/3. Sin embargo, en caso de cambiar de puerta, la probabilidad aumenta a 2/3. Para que no haya dudas, desglosamos a continuación el problema, pero en este caso, con la decisión de cambiar de puerta, los resultados serían:

1ª situación. La Puerta 1 escogida es la premiada. El presentador abre la Puerta 2, por ejemplo, que está vacía, y cambias a la Puerta 3. El cambio supone perder el premio.

2ª situación. Ahora el premio está en la Puerta 2. Tras mostrar el presentador que la Puerta 3 está vacía, cambias a la Puerta 2. Ganas.

3ª situación. La Puerta 3 es la premiada, por lo que el presentador abre la Puerta 2. Cambias a la puerta que continúa cerrada, es decir, la Puerta 3, por lo que de nuevo ganas.

Casos	Puerta 1	Puerta 2	Puerta 3	Decisión	Resultado
A	Premio	Vacía (se abre)	Vacía	Cambias a 3	Pierdes
B	Vacía	Premio	Vacía (se abre)	Cambias a 2	Ganas
C	Vacía	Vacía (se abre)	Premio	Cambias a 3	Ganas

La solución correcta al dilema de Monty Hall no es intuitiva. De hecho, cuando en 1990 Marilyn vos Savant, considerada en aquel momento la mujer más inteligente del mundo, lo popularizó al exponerlo en una revista dominical de gran tirada, la matemática recibió miles de críticas de expertos y ciudadanos de a pie que cuestionaban su razonamiento.[129]

El dilema de Monty Hall ha sido analizado por muchos trabajos que han tratado de averiguar qué nos conduce a tomar una decisión irracional en este problema. Al parecer, se debe a la dificultad para tomar decisiones que impliquen estimar probabilidades. Pero más allá de esto, lo que muestra este dilema es la contradicción que surge entre la respuesta intuitiva ante el problema (la decisión automática que viene a nuestra mente y se percibe como poderosa y certera aunque, en realidad, sea errónea) y la verdadera solución al problema (que, en este caso, necesita de un proceso de razonamiento mesurado y de un cálculo de probabilidades).

En las últimas décadas, esta contradicción entre decisiones intuitivas y racionales ha sido estudiada por las Teorías de proceso dual. Estas formulaciones proponen que las personas contamos con dos tipos de procesos cognitivos.[130]

1. Un tipo de procesamiento rápido e intuitivo (Sistema o Tipo 1), que utilizaría atajos mentales, heurísticos, para tomar decisiones mediante procesos automáticos, asociativos, emocionales y poco conscientes. Se trataría de un sistema muy eficiente que se usaría la mayor parte del tiempo y que permitiría, de forma innata, responder rápidamente al entorno que nos rodea (mediante el reconocimiento de objetos y patrones, la dirección de la atención o la identificación de peligros, por ejemplo), aplicar conocimiento adquirido sin esfuerzo (como operaciones matemáticas

129 Pinker, Steven, Op. cit.
130 Evans, Jonathan St B. T., «Intuition and reasoning: A dual-process perspective», *Psychological Inquiry* 21, num. 4, 2010, pp. 313–326. https://doi.org/10.1080/1047840X.2010.521057

sencillas); interpretar de forma intuitiva interacciones sociales (como detectar el enfado en otra persona); o desplegar habilidades expertas aprendidas con la práctica (como improvisar al piano con maestría).

2. Un tipo de procesamiento más lento y reflexivo (Sistema 2 o Tipo 2), controlado y consciente, que requeriría de un amplio volumen de recursos cognitivos para funcionar. El Sistema 2 sería responsable de que podamos concentrar nuestra atención en aquello que requerimos (como realizar cálculos matemáticos complejos, comparar las funciones de diferentes productos, o buscar en nuestra memoria recuerdos almacenados), y permitiría controlar el comportamiento instintivo desencadenado por el Sistema 1.

En el caso del dilema Monty Hall, el Sistema 2 nos permitiría comprender la relevancia de cambiar de puerta, tras realizar los cálculos precisos y reflexionar de forma adecuada, desoyendo la intuición generada por el Sistema 1 de mantener nuestra elección inicial.

Esta distinción entre sistemas de procesamiento llegó al gran público gracias al *bestseller Pensar rápido, pensar despacio* del psicólogo Daniel Kahneman.[131] La popularidad de su libro contribuyó a que se extendiera la idea de que no somos tan racionales como podríamos pensar, puesto que muchas de nuestras decisiones se encuentran guiadas por los heurísticos del Sistema 1 (lo que deriva a veces en sesgos sistemáticos) y no tanto por los procesos reflexivos del Sistema 2, que al ser más lento y necesitar más recursos cognitivos, a menudo permanece en segundo plano.

En el libro, al igual que ocurría en el Programa de heurística y sesgos, los rasgos positivos del Sistema 1 (como su eficiencia y conveniencia en muchas decisiones o su asociación con la experiencia y el juicio experto) han quedado sepultados por la creencia ge-

---

131 Kahneman, Daniel, Op. cit.

neralizada de que las personas deberíamos aspirar a utilizar más la racionalidad reflexiva del Sistema 2, en lugar de confiar en la intuición del Sistema 1. Este planteamiento, que sobrevuela las teorías de proceso dual, ha sido criticado por algunos de los máximos referentes de estas teorías, como Evans y Stanovich, quienes señalan que «quizás la falacia más persistente en las teorías de proceso dual es la idea de que los procesos de Tipo 1 (intuitivos, heurísticos) son responsables de todo pensamiento erróneo, y que los procesos de Tipo 2 (reflexivos, analíticos) conducen necesariamente a respuestas correctas».[132]

Sin embargo, y a pesar de las críticas, fue entonces cuando comenzó a gestarse una idea negativa sobre la racionalidad humana: que las personas somos seres irracionales. Es más, que somos seres sistemática y predeciblemente irracionales.[133] El psicólogo Dan Ariely, un investigador relevante en el tema, sugiere que la irracionalidad humana es una brecha insalvable entre la manera en la que nos gustaría comportarnos (por ejemplo, llevando una vida más sana, reduciendo nuestro consumo de pantallas, etcétera), y la forma en la que realmente lo hacemos; Ariely ha denominado a esto *The Potential Human Gap* [brecha del potencial humano].[134]

Para superar esta brecha, no sería suficiente con informar a las personas sobre cómo deberían comportarse para explotar su potencial, puesto que en general, no es la falta de información lo que nos fre-

---

132 Evans, Jonathan St B., y Stanovich, Keith E., «Dual-process theories of higher cognition: Advancing the debate», Perspectives on psychological science 8, num. 3, 2013, pp. 223-241. https://doi.org/10.1177/1745691612460685

133 Ariely, Dan, *Predictably Irrational: The Hidden Forces That Shape Our Decisions*, Londres, Harper Collins, 2008.

134 The Behavioural Insights Team, *Dan Ariely presents his latest work at BX2019* [Video], *YouTube*, 1 de octubre de 2019. https://www.youtube.com/watch?v=Opjq1JT_dS8

na a la hora de comportarnos de forma racional. Por ejemplo, la mayoría sabemos que para nuestra salud es más adecuado practicar un deporte que llevar una vida sedentaria, o no fumar. Sin embargo, la información por sí sola no es suficiente para erradicar comportamientos nocivos. Por ello, se han comparado los sesgos provocados por el uso inadecuado del Sistema 1 con las ilusiones visuales.

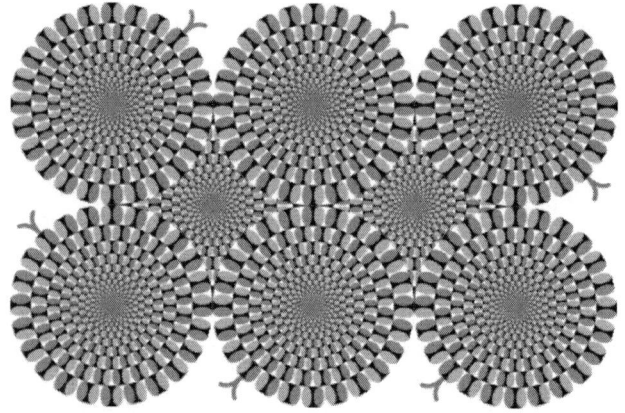

Versión en blanco y negro de la ilusión de las *Serpientes Rotatorias* (Akiyoshi Kitatoka)135

Cuando contemplamos las *Serpientes Rotatorias* de Akiyoshi Kitaoka, a pesar de saber que se trata de una imagen estática, resulta difícil no percibir movimiento en la ilustración. Es una ilusión visual inevitable. Del mismo modo, según algunos de los investigadores mencionados, nuestra irracionalidad y

135 Imagen de libre uso, disponible en: https://commons.wikimedia.org/wiki/ File:Rotating_snakes_peripheral_drift_illusion.svg

nuestros sesgos contarían con ese poder de distorsión de la realidad que tienen las ilusiones visuales. En este caso podríamos hablar, incluso, de ilusiones cognitivas que, por su carácter persistente, resultarían difícilmente corregibles mediante estrategias tradicionales (como la educación o, incluso, la coerción).[136]

En este punto, es importante recordar que Herbert Simon, a pesar de haber propuesto la teoría de la racionalidad limitada en la que Kahneman y Tversky basaron el Programa de heurística y sesgos, y de la que beben las teorías duales, en ningún momento renegó del uso de la heurística como estrategia de decisión, ni consideró la lógica como canon aspiracional del razonamiento. De hecho, en palabras del propio Simon, «la racionalidad limitada no es irracionalidad. (...) Por el contrario, creo que hay muchas pruebas de que la gente suele ser bastante racional, es decir, que suele tener razones para hacer lo que hace».[137]

A pesar de la matización de Simon, lo cierto es que la idea de la irracionalidad humana, persistente e incorregible, ha pervivido a lo largo de los años, con, al menos, dos consecuencias. Por un lado, la minusvaloración de la capacidad humana para tomar decisiones (como comentábamos al comienzo del capítulo), ha dado soporte a la idea de que la tecnología en general, y los algoritmos y la inteligencia artificial en particular, serán más aptos para tomar decisiones que los humanos imperfectos. Por otro lado, la idea de la incorregible irracionalidad humana no deja de ser una invitación a aprovechar las deficiencias en nuestra capacidad de decisión para reconducir el comportamiento, no tanto

---

136 Kahneman, *Pensar rápido, pensar despacio,* 2012.
137 Simon, Herbert A., «Human nature in politics: the dialogue of psychology with political science», *American Political Science Review* 79, 1985, pp. 293–304. https://doi.org/10.2307/1956650

con intención de corregirlo como de dirigirlo intencionalmente. El sector tecnológico no tardó en sumarse, tanto incentivando el aumento del consumo, como erigiéndose en solución y guía de las decisiones, hasta el punto de convertirlas en procesos totalmente automatizados.

3

DE CÓMO EXPLOTAR LA IRRACIONALIDAD DESDE UNA VISIÓN PATERNALISTA DE LA TOMA DE DECISIONES

En el arranque de la pandemia de la Covid-19, el Gobierno de Reino Unido sorprendió al mundo entero renunciando a las medidas de distanciamiento social implantadas con urgencia en el resto de países. El argumento fue que la ciudadanía experimentaría demasiado pronto «fatiga de comportamiento», esto es, que se cansaría enseguida de seguir directrices de confinamiento por lo que éste resultaría ineficaz.[138] Esta estrategia estaba respaldada por la *Nudge Unit* [Unidad del Empujón], su equipo de expertos en ciencias del comportamiento, que asesora al gobierno británico en la aplicación de políticas no coercitivas, a partir de evidencias empíricas en los campos de la psicología y el comportamiento humano acumuladas durante las últimas décadas.[139]

---

138 Sibony, A. L., «The UK COVID-19 Response: A Behavioural Irony?», *European Journal of Risk Regulation*, 2020, pp. 1-8. https://doi.org/10.1017/err.2020.22

139 Yates, Tony, «Why is the government relying on nudge theory to fight coronavirus?», *The Guardian,* 13 de marzo de 2020. https://www. theguardian.com/commentisfree/2020/mar/13/why-is-the-government-relying-on-nudge-theory-to-tackle-coronavirus

Optando por un enfoque de distanciamiento exclusivamente dirigido a grupos vulnerables y por meros consejos de lavado de manos, el Gobierno de Boris Johnson esperaba que la propuesta de sus expertos en comportamiento permitiera, además de evitar el cansancio de su ciudadanía, alcanzar pronto la inmunidad colectiva. Sin embargo, esta expectativa, al igual que la teoría de la fatiga de comportamiento, se abandonó días después, cuando el equipo de respuesta al virus del Imperial College de Londres publicó un informe en el que se estimaba que la falta de distanciamiento social supondría en Reino Unido la muerte de cientos de miles de ciudadanos y el colapso de su sistema de salud.[140]

En los días que transcurrieron entre ambas decisiones, la estrategia seguida por el Gobierno y su *Nudge Unit* fue duramente criticada por varios motivos.[141] Por un lado, porque no se compartieron los datos en los que basaban su teoría de la fatiga de comportamiento, llevando incluso a un amplio grupo de investigadores en ciencias del comportamiento a poner en tela de juicio la propuesta de la *Nudge Unit*.[142] Y por otro lado, porque los expertos en salud cuestionaron que aspirar a una inmunidad colectiva fuera la alternativa más acertada.

140 Wickham, Alex, «The UK Only Realised "In The Last Few Days" That Its Coronavirus Strategy Would "Likely Result In Hundreds of Thousands of Deaths"», *BuzzFeed*, 16 de marzo de 2020. https://www.buzzfeed.com/alexwickham/coronavirus-uk-strategy-deaths

141 Yong, Ed, «The U.K.'s Coronavirus "Herd Immunity" Debacle», The Atlantic, 16 de marzo de 2020. https://www.theatlantic.com/health/archive/2020/03/coronavirus-pandemic-herd-immunity-uk-boris-johnson/608065/

142 Hahn, Ulrike, Chater, Nick, Lagnado, David, Osman, Magda, y Raihani, Nichola, «Why a Group of Behavioural Scientists Penned an Open Letter to the U.K. Government Questioning Its Coronavirus Response», *Behavioral Scientist*, 16 de marzo de 2020. https://behavioralscientist.org/why-a-group-of-behavioural-scientists-penned-an-open-letter-to-the-uk-government-questioning-its-coronavirus-response-covid-19-social-distancing/

Más allá de las críticas, y en lo que respecta a este libro, el caso sugiere varias preguntas: ¿por qué un gobierno como el de Reino Unido optaría por una medida contraria a las adoptadas por otros países, ante una pandemia mundial impredecible que estaba causando miles de muertes, para seguir el consejo de expertos en comportamiento humano en lugar del de expertos en salud? ¿Acaso asumía que el comportamiento humano resulta predecible, además de inadecuado y que, por tanto, debe dirigirse?

Probablemente sí. A partir de la evidencia recabada por el Programa de heurística y sesgos sobre la supuesta irracionalidad humana (que explicábamos en el capítulo anterior), se fue forjando en la intersección entre el campo de la psicología y la economía una nueva disciplina centrada en estudiar y predecir el comportamiento de las personas (especialmente en el terreno económico) para, llegado el caso, intervenir sobre él. A esta disciplina se le conocería como *Behavioral Economics*,[143] o Economía del comportamiento.

A partir de ella, nace una corriente política e ideológica cuya propuesta consiste en reconducir (y no educar) el comportamiento de las personas hacia las decisiones que previsiblemente tomarían si fueran seres racionales. Dicha corriente está en la base de las

---

143 Aunque en este libro solo hablaremos de *Behavioral Economics*, hay otras disciplinas en el campo de las Ciencias Comportamentales (como es el caso de *Behavioral Change*) que se relacionan con ésta pero están centradas en otros contextos, como la salud pública. En dichos ámbitos, el objetivo es intervenir para cambiar un comportamiento que resulta claramente perjudicial para las personas, o a lograr un comportamiento beneficioso a nivel social. En estos casos, se usan diversos modelos de intervención. El más conocido sería el modelo BCW, de Michie, Susan, Van Stralen, Maartje, y West, Robert, «The behaviour change wheel: A new method for characterising and designing behaviour change interventions», *Implementation Science* 6, num. 1, 2011, pp. 1–12. https://doi.org/10.1186/1748-5908-6-42.

decisiones tomadas por la *Nudge Unit* en el arranque de la pandemia en Reino Unido: bajo la premisa incuestionable de la irracionalidad humana, se promueven mecanismos psicológicos y de contexto que ataquen las debilidades humanas con el objetivo de redirigir su comportamiento irracional. Hablamos del paternalismo libertario.

El paternalismo libertario

Nudge[144] es el texto seminal que describe la propuesta del paternalismo libertario. En él, el economista Richard Thaler y el abogado Cass Sunstein, plantean la necesidad de reenfocar las políticas públicas ante las dudas que la evidencia empírica del Programa de heurística y sesgos había revelado sobre la racionalidad de los juicios y decisiones humanas. Ante esta realidad, se posicionan «a favor de que las instituciones, tanto del sector privado como del Gobierno, se esfuercen de forma consciente por orientar las decisiones de las personas, en direcciones que mejoren sus vidas».[145]

Según Thaler y Sunstein, las medidas que las instituciones públicas han implementado hasta el momento para guiar el comportamiento de sus ciudadanos se han basado en campañas de información, leyes, regulaciones o incentivos económicos (impuestos, multas...) que generalmente no resultan un motor demasiado eficaz. Esto se debe a que las personas toman malas decisiones, muchas veces debido a sus limitaciones humanas, «decisiones que no habrían tomado si hubieran prestado atención y si hubieran

---

144 Thaler, Richard H., y Sunstein, Cass R., *Un pequeño empujón: El impulso que necesitas para tomar mejores decisiones sobre salud, dinero y felicidad*, Madrid, Taurus, 2009.

145 Ibid, 19.

dispuesto de toda la información, capacidades cognitivas ilimitadas y un autocontrol absoluto».[146]

Los autores de *Nudge* consideran que, lejos
de comportarnos como *Homo economicus*, es decir,
decidiendo con criterios normativos de las teorías económicas clásicas, las personas son más similares al
personaje de animación Homer Simpson, o sea, usamos mínimamente nuestro sistema de pensamiento
racional y reflexivo (Sistema 2). De hecho, su propuesta
del paternalismo libertario persigue, en sus propias palabras, el objetivo de identificar «cómo el mundo podría
ser más fácil, o más seguro, para los Homer que hay en
nosotros (y para el Homer que acecha en nuestro inte-
rior)».[147] Es importante comprender la letra pequeña de
la propuesta de Thaler y Sunstein, su impacto, así como
entender el porqué del nombre paternalismo libertario.

Empezando por el final, los autores indican
que están a favor de que las instituciones orienten
las decisiones de las personas, para lo que consideran
completamente legítimo que los generadores de políticas (o instituciones privadas) traten de influir, de forma
paternalista, sobre el comportamiento de las personas
hacia decisiones que mejoren sus vidas, de manera
que salgan beneficiadas a «juicio de ellas mismas».[148]
Aunque Thaler y Sunstein son conscientes de que su
propuesta de intervención paternalista puede no contar con una buena acogida entre algunas posiciones del
espectro político, aseguran que el paternalismo libertario «no es ni de derechas ni de izquierdas, ni demócrata
ni republicano», y que su aspiración no es promover

---

146 Ibid, 19 y 20.
147 Ibid, p. 38.
148 Ibid, p. 19.

una idea de «un gobierno más grande, sino sólo mejor gobernanza».[149]

Por otro lado, el aspecto libertario de esta corriente se refiere a la intención de respetar la libertad de las personas, de modo que estas puedan decidir, en todo momento y por sí mismas, si aceptan o no la intervención paternalista desplegada. Así, los precursores consideran el Paternalismo Liberario como una suerte de paternalismo blando que no contemplaría el uso de medidas coercitivas para alcanzar objetivos.

Thaler y Sunstein proponen articular su propuesta en torno a la «arquitectura de la decisión» y los *nudges*:

1. Con «arquitectura de la decisión» los autores se refieren a la estructura, el contenido, la presentación y el diseño de las alternativas de elección. Dado que no es posible presentar opciones de elección de forma neutral, los autores proponen que los ideadores de la intervención comportamental, los «arquitectos de la decisión», asuman la responsabilidad de organizar ese contexto de opciones con el objetivo de dirigir la conducta.

2. Con el término *nudge* los autores se refieren a los «aspectos de la arquitectura de decisión que modifican la conducta de las personas de una manera predecible, sin prohibir ninguna opción ni cambiar de forma significativa sus incentivos económicos». Los *nudges*, traducidos como empujones, serían intervenciones fáciles de implementar, minimalistas, baratas y libertarias (en decir, evitables).

El acto intencionado de utilizar mecanismos psicológicos y del contexto para aprovechar las deficiencias de la racionalidad humana, en lugar de intervenir para superarlas, ha ganado popularidad durante los últimos años tanto a nivel académico como en

---

149 Ibid, p. 29.

la esfera pública. Gobiernos y organizaciones de todo el mundo,[150] como la Casa Blanca o Downing Street, han incorporado *nudges* en el diseño de sus políticas e, incluso, han creado unidades de intervención conductual para asesorar en cuestiones regulatorias (prohibición de refrescos de gran tamaño en Nueva York, reducción del consumo de alcohol entre la juventud, pago de impuestos o, como veíamos en la introducción, medidas de distanciamiento en la pandemia mundial).

A la par que las instituciones públicas han adoptado la corriente del paternalismo libertario, la aplicación y el diseño de *nudges* ha proliferado también en el ámbito privado. Si aceptamos que las «buenas intenciones» guían tanto a Thaler y Sunstein (Thaler firma su libro con la dedicatoria «*Nudge for good*», esto es, «Empuja para el bien»), como a la *Nudge Unit*, la propuesta del paternalismo libertario supone una invitación a aprovechar las limitaciones y debilidades humanas para influir sobre su comportamiento en beneficio de las propias personas «empujadas», pero también en beneficio de quien introduce el *nudge*. ¿Con qué objetivo en este último caso? Pues triste y previsiblemente, con el de aumentar ventas, beneficios y similares. Una pretensión que conecta con los anhelos más recientes de la sociedad del consumo en su confluencia con la automatización y los algoritmos: la aspiración a dirigir las decisiones de las personas, en pos del mayor beneficio económico, y bajo el supuesto de que el comportamiento humano es irracional, predecible, dirigible e, incluso, programable.

Entonces, ¿podemos afirmar que la aplicación de *nudges* supone la modificación de las decisiones

150 Hansen, Pelle G., y Jespersen, Andreas M., «Nudge and the manipulation of choice: A framework for the responsible use of the nudge approach to behaviour change in public policy», *European Journal of Risk Regulation* 4, num. 1, 2013, pp. 3–28. https://doi.org/10.1017/s1867299x00002762

humanas, tanto en el ámbito físico como en su intersección con la tecnología, y que degrada su capacidad para tomar decisiones de forma autónoma?

La automatización del comportamiento humano a partir de los *nudges*

Como veíamos, los *nudges* son aquellos mecanismos psicológicos o del contexto que permiten modificar la conducta de las personas y que, en teoría, además de ser fáciles de aplicar, baratos y minimalistas, deben respetar la libertad final de la persona que va a decidir, esto es, deben poder ser evitados. Los *nudges* y el diseño de la arquitectura de decisión, además de afectar al comportamiento de las personas, permiten también modificar sus percepciones. La disposición de las opciones de elección de una forma determinada puede sugerir a las personas cierta dimensión normativa a la hora de decidir, lo que puede condicionar lo que, en ese contexto de elección, se considera que es correcto, adecuado y/o socialmente aceptado.

Si bien los *nudges* pueden implementarse en ámbitos del mundo físico, su traslación al mundo digital permite amplificar su impacto, dado que la audiencia en el campo tecnológico y digital se cuenta por millones (Facebook, Netflix, Twitter, Instagram). Además, el campo tecnológico ofrece horizontes de persuasión personalizados, permitiendo, previsiblemente, alterar el entorno de decisión de las personas de forma dinámica e individualizada, es decir, escogiendo el *nudge* con más probabilidades de éxito en cada caso concreto, a partir de los datos *online* disponibles.

No hay una única categorización consensuada de los *nudges*, como tampoco existe un listado completo de los mismos.[151] Por lo demás, no es necesario acudir a una recopilación exhaustiva, bastará con detenernos en algunos de ellos. Quedará claro, creemos, que la traslación de estos *nudges* al mundo digital amplifica su rango de acción y reconduce la supuesta irracionalidad humana a gran escala.

Cómo la realidad es ambigua, *nudges* de relatividad

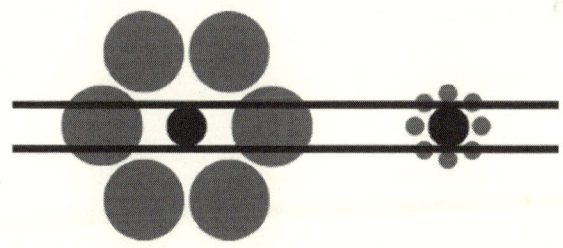

Observando los círculos negros, incluso con las guías indicando que ambos son del mismo tamaño, no podemos evitar la sensación de que el círculo de la derecha es más grande. Esta distorsión, conocida como ilusión de Ebbinghaus, revela el impacto de la relatividad en nuestras percepciones.[152] Una opción de elección puede parecer más grande, o mejor, o más de-

---

151 Consultar, por ejemplo, las categorizaciones y marcos de Caraban, Ana, Karapanos, Evangelos, Gonçalves, Daniel, y Campos, Pedro, «23 ways to nudge: A review of technology-mediated nudging in human-computer interaction», *Proceedings of the 2019 CHI Conference on Human Factors in Computing Systems* 503, 2 de mayo de 2019, pp. 1–15. https://doi.org/10.1145/3290605.3300733; y también, Hansen y Jespersen, «Nudge and the manipulation of choice», 2013. https://doi.org/10.1017/s1867299x00002762

152 Ilusión de Ebbinghaus, En Wikipedia, 10 de febrero de 2020. https://es.wikipedia.org/wiki/Ilusi%C3%B3n_de_Ebbinghaus

seable, o todo lo contrario, dependiendo de aquello que la rodea; dependiendo de con qué se compare.

Cuando decidimos entre diferentes opciones, buscamos un punto de referencia que nos permita compararlas. Pongamos como ejemplo un trabajo de Colin Camerer y colaboradores de 1997 sobre la jornada laboral de los taxistas neoyorquinos.[153] Según la teoría económica clásica, cabría esperar que los taxistas trabajasen más horas en los días de mayor demanda. Sin embargo, los investigadores encontraron que, en realidad, los taxistas trabajaban más en los días con poca demanda. Este comportamiento, a todas luces inexplicable desde un planteamiento racional, se debía a que los taxistas establecían un objetivo de ingresos diarios y, en consecuencia, alargaban la jornada laboral hasta alcanzarlo (su punto de referencia) y no en función de la oferta y la demanda.

Igual que estos taxistas, las personas buscamos constantemente referencias a partir de las cuales comparar y tomar decisiones, especialmente cuando no tenemos una inclinación previa. El punto de referencia para evaluar las alternativas de forma relativa (en vez de evaluar cada una de ellas de forma absoluta), puede ser un criterio concreto (como en el caso de los taxistas, el objetivo de ingresos diario), o puede que las propias opciones disponibles se conviertan en el punto de referencia para elegir entre ellas.

Esta paradoja se entiende bien en el caso de medidas. Imagina que tomas habitualmente café con leche y que hoy has decidido entrar en un nuevo local para adquirir uno. Al pedir en la barra, descubres que

---

153 Camerer, Colin, Babcock, Linda, Loewenstein, George, y Thaler, Richard, «Labor supply of New York City cabdrivers: One day at a time», *The Quarterly Journal of Economics* 112, num. 2, Oxford, Oxford University Press, 1997, pp. 407-441. https://doi.org/10.1162/003355397555244

el café se sirve en vasos de diversos tamaños. ¿Qué tamaño elegirías?

En ocasiones, las alternativas para tomar una decisión no son lo suficientemente concretas. En el caso planteado, si nunca hemos estado antes en esa cafetería, no podemos conocer cuál es la cantidad específica de café que contiene cada vaso. Además, lo más probable es que desconozcamos la cantidad exacta de mililitros de café que bebemos habitualmente. En este caso, algunos de los factores que afectan a la decisión están ocultos o son ambiguos. Por lo tanto necesitamos referencias que nos faciliten la comparación entre las diferentes opciones antes de decidir. La nomenclatura de los vasos y la diferencia relativa de los tamaños nos da una aproximación en este sentido.

Pero ahora imagina que, aunque te gustó la cafetería en la que entraste hoy, mañana decides probar un local diferente. Solicitas un café con leche y, de nuevo, descubres que en esta cafetería también cuentan con vasos de distintos tamaños. Esta vez, ¿qué vaso elegirías?:

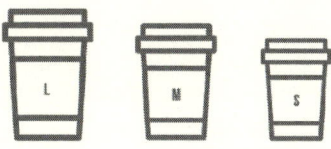

En contextos como este, cuando la cantidad de opciones no es muy amplia y no se cuenta con una preferencia previa clara, las personas normalmente optamos por la opción intermedia, debido a su ubicación espacial respecto al resto y a sus atributos de rango medio.[154] Suele ser la decisión más sencilla de justificar, la que minimiza el riesgo, y/o la que implica menos arrepentimiento anticipado. Este condicionante es conocido como efecto de compromiso (*compromise effect*)[155] o «efecto ricitos de oro», en honor al cuento infantil *Ricitos de oro y los tres osos*. Se trata de un atajo mental que nos impulsa, al igual que a la protagonista del relato, a optar por la alternativa que no es ni la más grande ni la más pequeña ni la más costosa ni la más económica, etcétera. No obstante, se trata de un tipo de elección que puede provocar consecuencias llamativas. Sin embargo, es evidente que el tamaño del vaso «M» de la segunda cafetería es igual al vaso «L» de la primera. Por tanto, escogiendo la opción intermedia en ambos casos, la cantidad de café que consumiremos no es igual.

El efecto de compromiso está íntimamente relacionado con el efecto «aversión a los extremos» (*extremeness aversion*), que muestra la tendencia de las personas a evitar, en una gama de diferentes opciones, las alternativas situadas en las posiciones extremas, lo que a su vez suele derivar en la preferencia por la opción u opciones intermedias. Por ejemplo, en el estudio realizado por los investigadores Sharpe, Staelin y Huber en 2008, se ofrecía a los participantes escoger (de forma

154 Kim, Jungkeun, Spence, Mark T., Oppewal, Harmen, Park, Jongwon, y Marshall, Roger, «What drives preference for the compromise option? Disentangling position-based versus attribute-based effects», *Psychology & Marketing* 39, num. 11, 2022, pp. 2153-2170.

155 Simonson, Itamar, «Choice Based on Reasons: The Case of Attraction and Compromise Effects», *Journal of Consumer Research* 16, num. 2, 1989, pp. 158-174. https://doi.org/10.1086/209205

simulada) entre diferentes menús de comida rápida en distintos momentos del experimento.[156] La oferta de bebidas era cambiante: al principio tenían disponible su bebida favorita en todos los tamaños de vasos posibles (de 12, 16, 21, 32 o 44 onzas, que en mililitros serían vasos entre 350 y 1300 mililitros), y más tarde se eliminaba el vaso más pequeño (12 onzas) o el mayor (44 onzas). Un 25% de los participantes que inicialmente habían escogido los vasos de 16 o de 32 onzas cuando la oferta de bebidas era completa, al eliminarse los vasos extremos (2 y 44 onzas), modificaban su primera elección, moviéndose hacia el tamaño intermedio, es decir, el vaso de 21 onzas. Este comportamiento revelaba un rechazo a su elección inicial cuando ésta pasaba a situarse en el extremo.

Además de en el área del consumo encontramos este tipo de empujones en campos como la magia, donde existe una amplia comprensión del comportamiento y la psicología humana. Trucos como el «forzaje de posición» (*position force*) aprovechan el efecto de aversión a los extremos: cuando los ilusionistas colocan cuatro cartas boca abajo y nos piden que señalemos una, en el 50% de las ocasiones descartaremos las opciones de los extremos y elegiremos la segunda carta contando desde la derecha; especialmente si la persona que elige la carta es diestra y si el ilusionista consigue que la decisión se tome de forma muy rápida.[157]

156 Sharpe, Kathryn, Staelin, Richard, y Huber, Joel, «Using extremeness aversion to fight obesity: Policy implications of context dependent demand», *Journal of Consumer Research* 35, num. 3, 2008, pp. 406-422. https://doi.org/10.1086/587631

157 Pailhès, Alice, y Kuhn, Gustav, «Subtly encouraging more deliberate decisions: using a forcing technique and population stereotype to investigate free will», *Psychological research* 85, num. 4, 2021, pp. 1380-1390. https://doi.org/10.1007/s00426-020-01350-z

Tanto el efecto de compromiso como el de aversión a los extremos se han explotado con frecuencia en el terreno digital. De hecho, es habitual encontrarlos en los planes de suscripción a productos o a servicios de pago que, con no más de tres o cuatro alternativas disponibles, sugieren la opción intermedia como la más conveniente.

Valiéndose de la misma comparación relativa entre alternativas, existen otros *nudges* que logran resultados diferentes. Imagina que te interesa suscribirte a la publicación de una revista. Accedes a su página web y descubres que disponen de la siguiente oferta para hacerte socio.

A. Suscripción anual a la edición digital, por 59 dólares.
B. Suscripción anual a la edición impresa, por 125 dólares.
C. Suscripción anual a la edición impresa y a la digital, por 125 dólares.

Este caso, explicado en el libro *Predictably Irrational* de Dan Ariely, está basado en una experiencia personal del propio autor.[158] Navegando por Internet, Ariely tropezó con la mencionada oferta para suscri-

158 Ariely, *Predictably Irrational*, p.21.

birse a la publicación *The Economist*. Tras su sorpresa inicial al descubrir que los dos últimos paquetes mostraban el mismo precio, decidió realizar un experimento con sus alumnos del Instituto de Tecnología de Massachusetts (MIT) para conocer cómo afectaba a la decisión el mostrar una alternativa de suscripción que claramente era una opción poco ventajosa (la suscripción a la edición impresa al mismo precio que la suscripción conjunta a la edición impresa y digital). Para ello, Ariely dividió su muestra de estudiantes en dos grupos. A uno le presentó una lista de posibilidades similar a la mostrada aquí. En ese grupo, el 84% de los estudiantes escogió la oferta conjunta (opción C), el 16% optó por la versión *online* (opción A) y ninguno escogió la alternativa de solo la edición impresa (opción B).

Por su parte, al otro grupo de alumnos le mostró una oferta diferente, con sólo dos opciones:

A. Suscripción anual a la edición digital, por 59 dólares.
B. Suscripción durante un año a la edición impresa y a la digital, por 125 dólares.

En el experimento de Ariely, las decisiones en este segundo grupo cambiaron significativamente respecto al anterior. Ahora que solo había dos opciones, una mayoría del 68% optó por el plan de suscripción más económico (opción A), una alternativa que solo había seducido al 16% de participantes del primer grupo. Por su parte, la opción ganadora en la primera situación (la suscripción combinada de versión impresa y digital, escogida por el 84% de los estudiantes) resultó menos atractiva en el segundo grupo, convenciendo solo al 32% de participantes.

Como vemos, ante una oferta de tres alternativas la opción intermedia no siempre resulta triunfadora; especialmente si, como es el caso, una de ellas no se propone para ser elegida. A este *nudge* se le conoce como efecto *decoy* (aunque en el terreno académico también se utiliza el término *asymmetric dominance effect*),[159] consistente en introducir una tercera opción, un señuelo, entre dos opciones que son bastante diferentes para empujar la decisión hacia la más parecida al señuelo, que resulta aparentemente más atractiva en términos comparativos (en el caso de la suscripción, por similitud de precio).

Este efecto *decoy* es frecuente en los planes de productos y servicios digitales. En el ejemplo de la ilustración podemos ver cómo el plan «Principiante» es en realidad un señuelo introducido para empujar la decisión hacia el plan «Profesional», puesto que, a un precio muy similar, cuenta con muchos más servicios que el primero.

En realidad, el plan «Principiante» no se introduce en la gama de oferta para ser elegido, sino para que el plan «Profesional» resulte más atractivo. Por supuesto, podemos unir varios empujones para que sumen fuerzas. Lo vemos en el caso ilustrado, con el distintivo o etiqueta que adorna la oferta del plan «Profesional» y advierte que es el más exitoso entre la clientela (efecto conocido como prueba social, *social proof,* por el que las personas tendemos a imitar el comportamiento mayoritario de nuestro grupo social).

En tecnología, esta unión de varios *nudges* para sumar fuerzas es bastante común. Banker y Khetani lo mostraron en su estudio de 2019, cuando presentaron a sus participantes una selección de productos

---

159 Huber, Joel, Payne, John W., y Puto, Christopher, «Adding asymmetrically dominated alternatives: Violations of regularity and the similarity hypothesis», *Journal of consumer research* 9, num. 1, 1982, pp. 90-98. https://doi.org/10.1086/208899

de carácter utilitario (por ejemplo, un cargador de móvil portátil) para que escogieran uno.[160] Con el fin de comprobar si podían orientar sus decisiones, los investigadores introdujeron señuelos que, aunque similares a alguna de las alternativas, se percibían como claramente inferiores. Así se logró que los productos similares a los señuelos fueran elegidos en un 48% de las ocasiones; un porcentaje que aumentaba hasta el 77% cuando, además del señuelo, un algoritmo recomendaba el producto. De nuevo la palabra de la máquina guía las decisiones humanas.

Como señalábamos, la necesidad de comparar de forma relativa no sólo se produce al elegir entre diferentes alternativas. A veces la comparación se produce en torno a un punto de referencia ajeno a la gama

160 Banker, Sachin y Khetani, Salil, «Algorithm overdependence: How the use of algorithmic recommendation systems can increase risks to consumer well-being», *Journal of Public Policy & Marketing* 38, num. 4, 2019, pp. 500–515. https://doi.org/10.1177/0743915619858057

de opciones. Pongamos un caso. ¿Dirías que la temperatura media en invierno en la Antártida se encuentra por debajo de los -50°, o por encima?

A. Hace más frío que -50°
B. Hace menos frío que -50°

Una vez respondida esta pregunta, ¿de cuántos grados dirías, específicamente, que es la temperatura media en invierno en la Antártida?

Cuando el punto de referencia a partir del cual decidir o comparar no es conocido o evidente, es habitual en su lugar utilizar señales del contexto. En el caso de la Antártida, como seguramente no conozcas con exactitud la temperatura media en invierno, es muy probable que utilices la cifra mencionada (en este caso, -50°) como punto de referencia, para ajustar tu estimación posterior. Ahora bien, ¿estaba tu respuesta más cerca de la cifra aleatoria de -50°, sugerida en la pregunta, o de -20°, que es en realidad la temperatura correcta?

Si has utilizado la cifra de -50° para realizar tu estimación, has sufrido el sesgo de «anclaje y ajuste» (*anchoring and adjusting*).[161] Se trata de uno de los efectos más sólidos en psicología, que ha sido explicado como una consecuencia del heurístico de accesibilidad o disponibilidad, mediante el cual las personas tenderíamos a otorgar más importancia o a sobreestimar la frecuencia con la que se producen aquellos acontecimientos o datos que acuden a nuestra memoria más fácilmente.[162] El sesgo de anclaje y ajuste se usa mucho

---

161 Tversky, Amos, y Kahneman, Daniel, «Judgment under uncertainty: Heuristics and biases», *Science* 185, num. 4157, 1974, pp. 1124-1131. https://doi.org/10.1126/science.185.4157.1124

162 Tversky, Amos y Kahneman, Daniel, «Availability: A heuristic for judging frequency and probability», Cognitive Psychology 5, 1973, pp. 207-232.

en el comercio *online* y físico para incitar decisiones, con el formato de rebajas de los productos: la cifra tachada actúa como ancla para determinar, en comparación, si el precio final es lo suficientemente atractivo.

Comparar opciones, de forma relativa, para decidirnos o utilizar un punto de referencia como ancla no es un comportamiento exclusivamente humano. El investigador Frans de Waal ha comprobado, en experimentos con primates y otros animales, que también pueden cambiar la perspectiva de lo que les parece una buena elección si se modifica el punto de referencia. En un experimento con monos capuchinos,[163] en colaboración con Sarah Brosnan, ofrecieron a dos monos unas fichas para que hicieran trueque con ellas. Al devolver la ficha que les habían entregado recibirían una rodaja de pepino. El intercambio resultaba satisfactorio hasta que le cambiaron las reglas del trueque a uno de los monos y en vez de devolverle una rodaja de pepino a cambio de su ficha, le entregaron un grano de uva. Los monos capuchinos consideran mucho más sabrosas las uvas que el pepino, por lo que, cuando uno de los monos descubrió que seguía recibiendo una rodaja de pepino por su ficha mientras que su compañero era premiado con uvas, modificó su valoración de lo que era un trato justo y manifestó abiertamente su enfado golpeando la jaula y lanzando las rodajas de pepino a los investigadores.[164] Un buen trato (pepino por ficha) se convierte en un trato injusto si cambia el punto de referencia, el punto con el

https://doi.org/10.1016/0010-0285(73)90033-9

163 Brosnan, Sarah, y De Waal, Frans, «Monkeys reject unequal pay», *Nature* 425, 2003, pp. 297–299. https://doi.org/10.1038/nature01963

164 Recomendamos ver el vídeo, extraído de una conferencia de Fran de Vaal, donde se muestra la violenta reacción del mono capuchino ante el cambio de normas en el trueque: *Capuchin monkey fairness experiment* [Vídeo], *Youtube*, 13 de abril de 2012. https://www.youtube.com/watch?v=-KSryJXDpZo&t=1s

que comparar (uva por ficha). El ejemplo recuerda a los contextos laborales, en los que descubrir el salario de la compañera de trabajo puede sumirnos en la desdicha si ello modifica el punto de referencia de lo que considerábamos una retribución adecuada.

Cómo la atención es limitada, *nudges* de saliencia

A lo largo de los últimos años, y en relación con nuestra capacidad de atención limitada, no es de extrañar que se haya producido una auténtica carrera en el sector tecnológico para captarla. Una vez captada, bajo control, y monopolizada, se posiciona bajo su haz de luz lo que le interese a la empresa de turno. A esta dinámica se la conoce como «economía de la atención», un campo abonado para el uso de empujones orientados a lograr saliencia y, con ello, a captar la atención.

Imagina un puesto promocional en un establecimiento físico en el que se muestran cuatro medias de nylon color canela. Se exponen una junto a otra, y todas se presentan igual. Se pide a la clientela que indique cuál le parece de mayor calidad sin decirle que, en realidad, todas son exactamente iguales. ¿Cuál se considerará la media de mayor calidad?

> A. La del extremo izquierdo.
> B. La segunda por la izquierda.
> C. La segunda por la derecha.
> D. La del extremo derecho.

Si recuerdas el efecto de aversión a los extremos, probablemente hayas escogido entre las opciones B o C. Sin embargo, ninguna es la respuesta correcta. Este caso está basado en el célebre estudio de Wilson y Nisbett de 1978.[165] Llevaron a cabo esta prueba real para conocer no sólo cuál era la media más elegida, sino también qué argumentos se daban para justificar la elección, teniendo en cuenta que todos los pares eran iguales. Se encontraron con que había una clara preferencia por el par situado en el extremo derecho (opción D); el 40% de los participantes indicaron que la cuarta media era la que tenía mayor calidad, mientras que la media en la posición A solo fue elegida por el 12% de los participantes, la de la posición B por el 17% y la de la posición C por el 31%. Cuando les preguntaron si la posición de las medias podía haber influido en su decisión, solo una persona contempló esa posibilidad.

Aunque Wilson y Nisbett no ahondaron en las causas de la preferencia por el producto del extremo derecho, su trabajo apunta a un posible efecto de orden. La posición de un elemento respecto a otros puede afectar a su saliencia. Efectos como la primacía o la recencia hacen que el primero o el último elemento de una lista o gama tengan más probabilidades de ser atendidos y recordados que los elementos colocados en el medio. Según Wilson y Nisbett, para cuando los clientes llegaban a evaluar el par de medias de la posición D, ya habían descartado algunos pares de las posiciones previas. Dado que la última era más relevante debido a su posición (recencia), se prefería sobre las demás.

Este tipo de efectos de orden pueden llegar a hacer que un candidato político logre hasta un 15% más de votos si su nombre es el primero en la papeleta de

165 Wilson, Timothee D., y Nisbett, Richard E., «The Accuracy of Verbal Reports About the Effects of Stimuli on Evaluations and Behavior», *Social Psychology* 41, num. 2, 1978, pp. 118–131. https://doi.org/10.2307/3033572

voto (entre votantes que no están suficiente informados);[166] o que una página web reciba muchos más clics si aparece en las primeras posiciones de los resultados generados por los motores de búsqueda.[167]

En el terreno digital podemos observar estos efectos de orden en la disposición de los resultados obtenidos cuando hacemos una búsqueda *online*. Según Epstein y Robertson,[168] este orden puede llegar a impactar de forma relevante en unas elecciones democráticas. Para demostrarlo, realizaron un experimento durante las elecciones al Parlamento Indio (Lok Sabha) de 2014. Se propusieron investigar cómo influía la información (acerca de las candidaturas) a disposición del electorado a través de un buscador tipo Google. En concreto, querían comprobar si el orden de los elementos en la página de resultados de búsqueda podría modificar la actitud de los participantes hacia los candidatos. Para ello, manipularon el orden de los resultados de forma que los primeros resultados de la página favorecieran a uno u otro candidato en función de los distintos grupos destinatarios del experimento. Lo que se encontraron fue que el orden de estos resultados, gracias al efecto de primacía, llevó a que los participantes consideraran más relevante la información que se encontraba en los primeros resultados del buscador y que, según el grupo experimental, se

166 Kim, Nuri, Krosnick, Jon, y Casasanto, Daniel, «Moderators of candidate name-order effects in elections: An experiment», *Political Psychology* 36, núm. 5, 2015, pp. 525-542. https://doi.org/10.1111/pops.12178

167 Donnini, Gabe, «The value of Google result positioning», *Search Engine Journal*, 22 de julio 2013. https://www.searchenginejournal.com/the-value-of-google-result-positioning/65176/

168 Epstein, Robert, y Robertson, Ronald E., «The search engine manipulation effect (SEME) and its possible impact on the outcomes of elections», *Proceedings of the National Academy of Sciences* 112, núm. 33, 2015. https://doi.org/10.1073/pnas.1419828112

favoreciera a uno u otro candidato. Esto supuso la orientación del voto en la dirección sugerida en un 20% de los casos, con un éxito de hasta un 72,7% en algunos grupos demográficos.

Con la introducción de la inteligencia artificial en este tipo de sistemas, el efecto de primacía podría verse reforzado. Para determinar qué contenido resulta relevante para los usuarios, la IA aprende de su comportamiento: si tienden a consumir las primeras piezas de información en un buscador, estos sistemas terminarán infiriendo que dichos contenidos son los más relevantes, lo que a su vez aumenta la probabilidad de ser ubicados en las mismas primeras posiciones en el futuro.[169] La desarrolladora y activista Cathy O'Neil ha señalado el grave riesgo de que el proceso de retroalimentación de la IA, necesario para la mejora de su aprendizaje, perpetúe todo tipo de sesgos.[170]

Por supuesto, podemos lograr la saliencia con otro tipo de empujones. Pongamos por caso que ejerces tu profesión en el campo de la medicina y, ante el brote de una rara enfermedad que se espera que acabe con la vida de 600 personas, se solicita tu consejo para decidir qué tratamiento aplicar. Las alternativas son las siguientes:

A. Si aconsejas el Tratamiento A, se salvarán 200 personas.
B. Si aconsejas el Tratamiento B, hay 1/3 de probabilidades de que se salven las 600 personas y 2/3 de que no se salve nadie.

¿Cuál de los dos tratamientos recomendarías?

169 Martínez, Naroa, Agudo, Ujué y Matute, Helena, *Human cognitive biases present in Artificial Intelligence.*
170 O'Neil, 2018, Op. cit.

Imagina ahora que se descartan los tratamiento anteriores, y que se te solicita consejo sobre dos nuevos tratamientos:

C. El Tratamiento C, que supondrá la muerte de 400 personas.
D. El Tratamiento D, con el que hay 1/3 de probabilidades de que no muera nadie y 2/3 de probabilidades de que mueran las 600 personas.

¿Qué aconsejarías en este caso?

Este desafío, extraído del trabajo de Tversky y Kahneman de 1981, muestra cómo es habitual que las mismas alternativas, formuladas en términos de pérdida o ganancia, provoquen distintas reacciones.[171] En la primera elección, el Tratamiento A resulta más atractivo porque está formulado en términos de ganancia segura. Sin embargo, en la segunda elección, cuya formulación se enuncia en términos de pérdida, es más probable que se elija la opción menos segura, es decir, el Tratamiento D. En el estudio original, el 72% de los participantes optó por la opción A en el primer caso y el 78% se arriesgó con el Tratamiento D en el segundo caso.

Este empujón, conocido como efecto marco o *framing*, establece que nuestras preferencias están condicionadas por el modo en el que se presenta la información.[172] En el caso de los tratamientos, la presentación de las opciones de elección en términos de pérdidas o ganancias condiciona la decisión final. Pero no solo ocurre con decisiones enunciadas en esos términos. Por ejemplo, observa la siguiente ilustración y responde: ¿cuántos patos hay en la imagen?[173]

---

171 Tversky, Amos y Kahneman, Daniel, «The framing of decisions and the psychology of choice», Science 211, num. 4481, 1981, pp. 453-458. https://www.science.org/doi/abs/10.1126/science.7455683
172 Ibid.
173 Adaptación de la imagen original de Harper's Weekly Rabbit and Duck

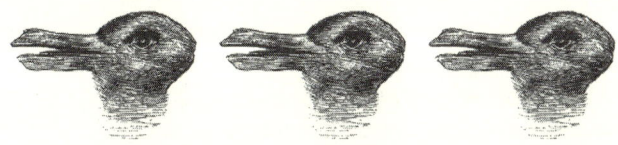

Si hubieras tenido que indicar cuántos conejos aparecen en la imagen, desde luego que el número no habría cambiado, pero es muy probable que hubieras contemplado la ilustración desde otra perspectiva.

En 1993, Eldar Shafir llevó a cabo un experimento que ha sido muy influyente en el campo de la toma de decisiones y la psicología, en el que ponía a prueba el efecto *framing* en un caso de custodia parental simulada.[174] Los participantes debían opinar sobre cuál de los progenitores debía quedarse con la custodia. Para decidirlo, describió la situación de ambos. El progenitor A contaba con ingresos, salud y jornada laboral promedios, una relación razonable con el menor y una vida social relativamente estable. El progenitor B contaba con ingresos superiores a la media, una relación muy estrecha con el menor, una vida social extremadamente activa, muchos viajes por cuestiones laborales y algunos problemas menores de salud. Si a los participantes se les preguntaba a cuál de los progenitores le negarían la custodia en exclusiva, el 55% señalaban al progenitor B, puesto que ante la decisión de rechazar la custodia tendían a centrar su atención en los aspectos negativos de esta alternativa;

illusion (1892); imagen de libre uso, disponible en: https://commons.wikimedia.org/wiki/File:HarpersWeekly1892-36-p1117.jpg

174 Shafir, Eldarm, «Choosing versus rejecting: Why some options are both better and worse than others», *Memory & cognition* 21, num. 4, 1993, pp. 546–556. https://doi.org/10.3758/BF03197186

mientras que cuando se les solicitaba que indicaran a qué progenitor otorgarían la custodia, de nuevo elegían mayoritariamente la opción B, esta vez un 64%, por ser la alternativa con más cantidad de atributos positivos en el nuevo marco de la pregunta.[175] Resultados como este nos recuerdan la importancia del efecto *framing* a la hora de diseñar una encuesta: no obtendremos las mismas respuestas si preguntamos a los participantes cómo de felices son en su vida, que si les preguntamos cómo de infelices son.[176]

En la prensa vemos el efecto *framing* a diario, con titulares que aparentemente cuentan la misma noticia pero que, según su enmarcado, pueden dar a entender realidades incluso opuestas.

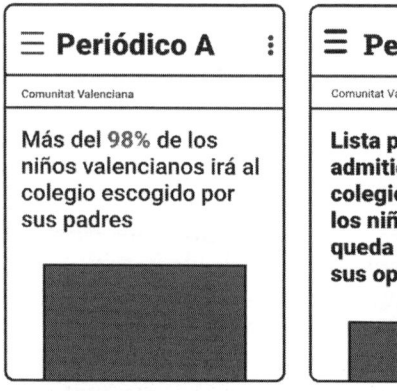

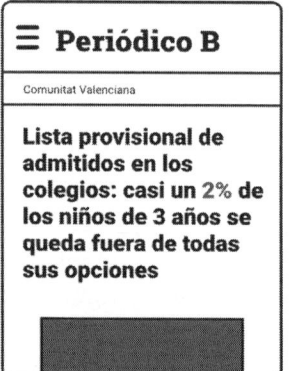

---

175 Chandrashekar, Subramanya, Weber, Jasmin, Chan, Sze, Cho, Won, et al., «Accentuation and compatibility: Replication and extensions of Shafir (1993) to rethink choosing versus rejecting paradigms», *Judgment and Decision Making* 16, num. 1, pp. 36-56. doi:10.1017/S1930297500008299

176 Kunda, Ziva, Fong, Geoffrey T., Sanitioso, Rasyid, y Reber, Emily, «Directional questions direct self-conceptions», *Journal of Experimental Social Psychology* 29, num. 1, 1993, pp. 63-86. https://doi.org/10.1006/jesp.1993.1004

Un caso de framing *online* muy criticado fue el famoso experimento de «contagio emocional» de Facebook.[177] En él, se manipuló la visibilidad de casi 700.000 publicaciones de usuarios de la plataforma con el objetivo de modificar la emoción que transmitían los contenidos visualizados en sus muros. Mientras que en unos casos el algoritmo sólo mostraba contenidos que transmitían emoción positiva, en otros solo había contenidos que transmitían emociones negativas. Lo que se quería comprobar en esta ocasión era si la manipulación enmarcada en lo que los usuarios visualizaban podía condicionar lo que publicaran después. Las publicaciones posteriores replicaron el tono de los contenidos previos, es decir, se contagiaron emocionalmente por el marco mostrado (positivo o negativo).

Además del uso de los efectos de orden y de *framing*, como estrategias para empujar y orientar decisiones, no podemos dejar de mencionar uno de los *nudges* de saliencia más utilizados, tanto en el contexto digital como en el analógico, y que está además muy vinculado a la aversión a la pérdida anteriormente mencionada. Imagina que tienes la oportunidad de escaparte de vacaciones y deseas alojarte en un hotel. La búsqueda de alojamientos disponibles en tu destino te devuelve dos opciones. ¿Por qué reserva te inclinas?

177 Kramer, Adam D. I., Guillory, Jamie E. y Hancock, Jeffrey T., «Experimental evidence of massive-scale emotional contagion through social networks», *Proceedings of the National Academy of Sciences* 111, num. 24, 2014, pp. 8788–8790. https://doi.org/10.1073/pnas.1320040111

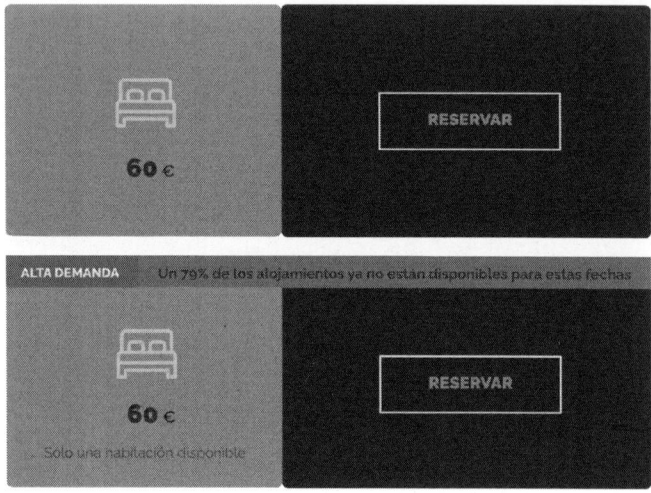

Cuando percibimos que un recurso es escaso (o se presenta como tal), el deseo se acrecienta. Además, esta escasez puede adquirir diversas formas: de exclusividad, de disponibilidad temporal o de cantidad limitada.[178] Como se indica en el brillante libro de Mullainathan y Shafir, *Escasez: ¿Por qué tener muy poco significa tanto?*, la escasez posee la capacidad de capturar nuestra mente, de dirigirnos de manera automática hacia nuestras necesidades no satisfechas, tanto cuando actuamos de forma consciente y deliberada como cuando lo hacemos de forma inconsciente; «tanto cuando pensamos rápido como cuando pensamos lento».[179]

---

178 Cialdini, Robert B. y Sagarin, Brad J., «Principles of Interpersonal Influence» En T. C. Brock & M. C. Green (Eds.), *Persuasion: Psychological insights and perspectives*, Los Angeles, Sage Publications, 2005, pp. 143-169.

179 Mullainathan, Sendhil, y Shafir, Eldar, *Escasez: ¿Por qué tener muy poco significa tanto?*. *Fondo de Cultura Económica, Madrid*, Fondo Cultura Económica, 2016, p. 49.

Para utilizar la escasez como *nudge*, ni siquiera es necesario que sea real. Las decisiones se pueden empujar mediante un efecto de escasez artificial, como sucede, por ejemplo, con el mercado de los diamantes, en el que la empresa que durante años monopolizó el negocio de producción se dedicó a racionar la cantidad de diamantes que lanzaba al mercado para generar apariencia de escasez en el producto y aumentar así su precio de mercado.[180]

En el sector digital es muy habitual que se utilice la escasez artificial como *nudge*. Por ejemplo, y siguiendo con el caso de las habitaciones de hotel, es frecuente que las plataformas de reservas indiquen que quedan pocas unidades de una determinada clase de habitación, cuando en realidad ese número solo significa que la plataforma no cuenta con muchas habitaciones de ese tipo para ofrecer, lo cual no implica que realmente no haya más habitaciones disponibles en el hotel.

Cómo los recursos son limitados, *nudges* de ahorro cognitivo y eliminación de fricciones

En cuestión de toma de decisiones, aquella opción que permita no pensar demasiado, que ahorre recursos cognitivos y/o se encuentre libre de fricciones, va a parecer siempre una buena alternativa de elección.

Hay diferentes estrategias para simplificar decisiones. Una muy evidente es reducir la cantidad de alternativas. Lo veíamos en el caso de la venta de mermeladas. Cuando el número de tarros de mermelada era amplio, la variedad atraía a más clientes, pero este volumen de alternativas disminuía las ventas frente al escenario con una gama reducida de productos. A

---

180 «De Beers», *Wikipedia, 19 de diciembre de 2021.* https://es.wikipedia.org/wiki/De_Beers

mayor cantidad de opciones, menor simplicidad y, por ello, mayor parálisis de elección.

Otra forma de simplificar un proceso de decisión es reducir los pasos necesarios para alcanzar el objetivo, como hizo en su día Amazon al incorporar en su tienda *online* el botón de compra 1-Clic: el cliente no necesitaba completar sus datos de envío y facturación en cada adquisición, reduciendo los pasos y el tiempo de compra, y favoreciendo la compra impulsiva.

Ni siquiera es necesario que la simplificación sea real. Es posible simular, también de forma artificial, el avance hacia una meta a través del «efecto de otorgado» (*endowed progress effect*), según el cuál las personas estaríamos más inclinadas a culminar una tarea si se percibe cierto progreso. Joseph C. Nunes y Xavier Dreze lo demostraron en 2006 en un experimento en el que regalaban tarjetas de fidelidad a los clientes de un túnel de lavado de coches.[181] A una mitad se les entregó una tarjeta que daba derecho a un lavado gratis tras ocho sellos de compra. A la otra mitad se le daba una tarjeta en la que se solicitaban diez sellos de compra para conseguir el lavado gratis, pero con dos de ellos marcados como realizados. Nueve meses más tarde, el 34% de los clientes que poseían la tarjeta que requería diez sellos había conseguido el lavado gratis frente al 19% de los clientes cuyas tarjetas solo requerían ocho sellos.

Si bien efectos como este contribuyen a simplificar los procesos de decisión, el *nudge* por antonomasia en esta categoría es aquel que nos empuja sin siquiera ser conscientes de haber decidido. El efecto de este em-

181 Nunes, Joseph C., y Dreze, Xavier, «The endowed progress effect: How artificial advancement increases effort», *Journal of Consumer Research* 32, num. 4, 2006, pp. 504-512. https://doi.org/10.1086/500480

pujón queda reflejado en la diferencia de donaciones de órganos entre países, plasmada en el siguiente gráfico (adaptado del trabajo de Johnson y Goldstein de 2004):[182]

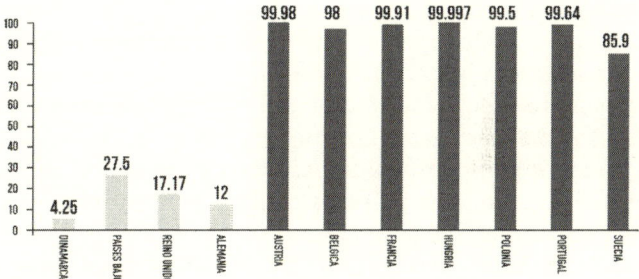

¿Por qué hay estas diferencias entre países aparentemente similares, como por ejemplo Alemania y Francia?

A. La población de los distintos países no recibe la misma cantidad de información sobre los beneficios de donar órganos.
B. En unos países el proceso de donación es muy complejo, mientras que en otros es muy simple.
C. La política para el consentimiento en la donación de órganos varía entre países. En unos, hay que indicar de forma explícita que se quiere donar, mientras que en otros se presupone el consentimiento y debe explicitarse que no se quiere donar órganos.

Evitamos las decisiones siempre que nos es posible, especialmente cuando son difíciles y complejas. Por ello, la alternativa más atractiva suele ser aceptar la elección predeterminada, lo que se conoce como efecto

182 Johnson, Eric J., y Goldstein, Daniel G., «Defaults and donation decisions», *Transplantation* 78, num. 12, 2004, pp. 1713-1716. https://doi.org/10.1097/01.tp.0000149788.10382.b2

default: la preferencia por el estado actual, incluso aunque el cambio de situación pueda llegar a suponernos una mejora sustancial.

En el caso de las donaciones de órganos, es posible que la complejidad del proceso de decisión sea un factor relevante (opción B), pero, curiosamente y según Johnson y Goldstein, las diferencias entre países se deben sobre todo a los valores predeterminados (opción C). En un experimento con 161 participantes, los investigadores plantearon tres políticas de donación. A un grupo de participantes se les pedía que imaginaran que se habían mudado a un nuevo estado en el que el valor predeterminado era no ser donantes de órganos, mientras que los participantes de otro grupo se mudaban a estados donde la donación era la política por defecto. Un tercer grupo podía elegir si donar o no sin estar condicionado por políticas previas. El resultado fue que la elección predeterminada de donación dobló porcentualmente al grupo cuya opción predeterminada era no donar. Y cuando revisaron las políticas de donaciones de los países mostrados en el gráfico comprobaron que se ajustaban a los resultados de su experimento.

Hay varias explicaciones posibles a por qué el *nudge default* es uno de los empujones más efectivos. Por un lado, y como hemos comentado anteriormente, tratamos de economizar el gasto de nuestros recursos cognitivos de forma constante. Es menos costoso vincularse a una decisión previa que introducir cambios en ella.

Por otro lado, es probable que la opción predeterminada se interprete como la decisión normativa, es decir, la que considerarían más adecuada nuestras personas de referencia. Según este razonamiento, a la hora de donar (o no donar) nuestros órganos no solamente valoraríamos el arduo proceso administrativo que agotaría nuestra energía, recursos y motivación, sino que nos guiaríamos por el comportamiento que nuestro entorno considera más adecuado allí donde residamos.

Una de las intervenciones más exitosas y conocidas del paternalismo libertario en relación al *nudge default* es el programa *Save More Tomorrow*[183] [Ahorre Más Mañana], creado por el propio Thaler y Shlomo Benartzi en 2004. Ideado para evitar que los empleados de las empresas estadounidenses sufrieran «sesgo del presente», se pretendía que no pospusieran su decisión de ahorrar para la jubilación por considerarla un evento lejano. Con el programa, los empleados aceptaban el aumento automático de su tasa de ahorro cada vez que se producía una subida salarial, lo que facilitaba superar su barrera inicial para comenzar a ahorrar, además de suponer la renovación anual automática del plan de ahorro, a menos que los empleados manifestaran expresamente lo contrario.

En este caso, el *nudge default* aprovechaba tanto la inercia de la primera decisión como las condiciones que se aceptaban en la suscripción al plan, sin que los trabajadores tuvieran que intervenir de forma activa una vez iniciado (a menos que desearan cancelarlo). De nuevo, es habitual encontrar en el contexto este empujón al suscribirnos a planes de servicios, con renovaciones mensuales automáticas.

La importancia de la narrativa

El uso de *nudges* en los ámbitos físico y digital no ha estado exento de polémicas, tanto entre quienes

---

183 Thaler, Richard H., y Benartzi, Shlomo, «Save more tomorrow™: Using behavioral economics to increase employee saving», *Journal of political Economy* 112, num. S1, 2004, 164-187.

creen en su influencia determinante como entre quienes la rechazan. Por un lado, y considerándolos una poderosa herramienta de manipulación, se alerta del riesgo de que se utilicen con fines oscuros, persiguiendo el beneficio del empujador en lugar del beneficio del empujado (este tipo de *nudges*, conocidos como *sludges*, esto es, lodos, llevan años circulando por internet bajo el nombre de patrones oscuros, o sea *dark patterns*). Así, las posibilidades de amplificación del alcance y de la personalización que ofrece hoy en día la tecnología para este tipo de estrategias persuasivas generan preocupación y rechazo por el recorte de autonomía que supone, tanto a nivel individual como colectivo.[184]

Por otra parte, se reniega de los *nudges,* no porque no se consideren un motivo real de preocupación, sino porque se evalúa que las dimensiones de sus efectos serían mucho menores de las que se les presupone. Retomemos el caso de «contagio emocional» promovido por Facebook, para empujar a sus usuarios a publicar contenido positivo o negativo a partir del *framing* establecido por la plataforma. Según el investigador Gerd Gigerenzer, el efecto de esta intervención apenas supuso un cambio de un 0,1% en el porcentaje de palabras positivas o negativas usadas por los usuarios; algo que difícilmente podríamos calificar como «contagio».[185]

Independientemente de lo que piensen unos u otros, la realidad es que hemos aceptado que las decisiones de las personas puedan ser redirigidas; igual que hemos asumido que la irracionalidad humana es un hecho constatado; o que repetimos el mantra de que los algoritmos nos conocerán (y decidirán) mejor

184 Bartmann, Marius, «The Ethics of AI-Powered Climate Nudging—How Much AI Should We Use to Save the Planet?», *Sustainability* 14, num. 9, 2022, 5153. https://doi.org/10.3390/su14095153

185 Gigerenzer, Op. cit.

que nosotros mismos. Y no importa que todo esto sea verdad o no. Da igual que el fin último sea mejorar la capacidad humana para tomar decisiones o que no sea más que una excusa para vender más productos y suscripciones mientras, por el camino van asomando distopías feas y grotescas.[186] Da igual que los *nudges* sean efectivos, que la inteligencia artificial sea inteligente, o que realmente deba primar la racionalidad sobre la emoción o la intuición. Sí, da igual, porque una vez que aceptamos estas narrativas, lo de menos es que se sustenten en un principio de verdad.

---

186 Tufekci, Zeynep, *Estamos construyendo una distopía solo para que la gente cliquee en los anuncios* [Vídeo], *TED Conferences, 2017.* https://www.ted.com/talks/zeynep_tufekci_we_re_building_a_dystopia_just_to_make_people_click_on_ads/

4

SOBRE EL CONCEPTO DEL ALGORITMO PATERNALISTA Y CÓMO ÉSTE NOS CONDUCE A UNA PÉRDIDA DE AUTONOMÍA

Es momento de retomar la pregunta que nos hacíamos al principio: ¿por qué (y cómo) hemos llegado a delegar nuestra capacidad de decisión en los algoritmos de inteligencia artificial?

Algunas causas parecen claras. Mientras abrazábamos la esperanza del futuro prometido por la automatización, hemos interiorizado que somos seres menos racionales de lo que creíamos y que, muy a nuestro pesar, cometemos errores que nos gustaría evitar. Actuamos de forma impulsiva, tenemos sesgos y, en consecuencia, necesitamos que nos redireccionen.

Tanto dentro como fuera del terreno tecnológico, el paternalismo libertario promueve la intervención sobre el comportamiento individual y social, como un mal menor necesario ante la evidencia de una supuesta irracionalidad humana. Y lo hace consciente de que no es posible una arquitectura de elección neutral, dado que cualquier diseño de elección (incluida su ausencia) supone una intervención en sí misma y refleja una posición política previa y particular.

Esta mirada sobre las arquitecturas de decisión converge con uno de los ingredientes pragmáticos de la automatización: el solucionismo tecnológico,[187] término acuñado por Evgeny Morozov que pretende la simplificación de problemas políticos y morales mediante su transformación en cuestiones manejables por medios tecnológicos. La influencia de la tecnocultura en los ámbitos político, social y económico, así como la utopía tecnológica promovida por Silicon Valley y el control tecnológico de masas son los motores de esta nueva ideología. El solucionismo tecnológico sitúa al utilitarismo y al pragmatismo por encima de los debates políticos y, en su esfuerzo por erradicar, mediante soluciones tecnológicas, la imperfección y la ambigüedad constitutivas de la libertad humana puede, como argumenta Morozov, erradicar también dicha libertad.

En ambos casos (arquitectura de elección y solucionismo tecnológico) se asume el condicionamiento de las decisiones desde la inevitabilidad: no podemos parar la máquina; no podemos aceptar la irracionalidad humana; no podemos resistirnos a la avalancha que nos arrolla. Se comulga con la ideología solucionista desde la resignación o la euforia, aceptando ceder capacidad de decisión a las herramientas tecnológicas con la esperanza de que los algoritmos lo harán mejor.

Esta confluencia entre la aspiración solucionista y las pretensiones del paternalismo libertario genera, a su vez, un nuevo fenómeno al que denominaremos «algoritmo paternalista», nudo gordiano y conector que justifica la cesión de nuestra toma de decisiones

---

187 Morozov, Evgeny, *La locura del solucionismo tecnológico*. Madrid, Clave Intelectual, 2015.

a herramientas tecnológicas, aún a riesgo de laminar nuestra autonomía.[188]

En el paternalismo libertario se hacía gala de respetar la libertad de las personas, a pesar de que su práctica fuera un oximorón.[189] En el algoritmo paternalista, por su parte, la libertad de elección es totalmente ficticia, puesto que, en la mayoría de casos, la capacidad de decidir se ve mermada antes incluso de que seamos conscientes. En estas circunstancias, la autonomía humana es una quimera.

La pérdida de autonomía humana frente al algoritmo

En 2019, el grupo de Expertos de alto nivel de la Comisión Europea estableció las directrices éticas para el desarrollo de algoritmos de inteligencia artificial confiables. Según este organismo, para que exista confiabilidad algorítmica la tecnología debe favorecer «la agencia y la supervisión humanas», poseer «solidez y seguridad técnicas», garantizar «la privacidad y la gobernanza de los datos», proporcionar «transparencia», respetar «la diversidad, la no discriminación y la equidad», promover «el bienestar social y ambiental» y permitir «la rendición de cuentas».[190]

La *AI Act* de la Unión Europea, la última propuesta de regulación de uso de la inteligencia artificial, establece los requisitos imprescindibles para que se dé esta agencia y para que, por añadidura, la participación humana cumpla los estándares en las decisiones

188 Engelen, Bart, y Nys, Thomas, «Nudging and autonomy: Analyzing and alleviating the worries». *Review of Philosophy and Psychology* 11, num. 1, Berlin, Springer, 2020, pp. 137-156. https://doi.org/10.1007/s13164-019-00450-z

189 Sunstein, Cass R., y Thaler, Richard H., Op.cit.

190 High-Level Expert Group on AI, «Ethics Guidelines for Trustworthy AI». Bruselas, Comisión Europea, 2019, https://ec.europa.eu/newsroom/dae/document.cfm?doc _ id=60419

con inteligencia artificial de por medio.[191] Quienes vayan a tomar las decisiones deberán poder mostrarse en desacuerdo con las recomendaciones del algoritmo; deberán comprender cómo funciona y cuál es su proceso de toma decisiones; y tendrán que ser independientes del algoritmo para sopesar la información relevante de la decisión.[192]

Cumplir estos requisitos resulta complicado por varios motivos.[193] Por un lado, porque muchas veces la arquitectura de caja negra de la mayoría de estos algoritmos de decisión imposibilita su explicabilidad y, por tanto, su transparencia y rendición de cuentas.[194] Por otro, porque la evidencia empírica sugiere que las personas tienen serias dificultades para llevar a cabo el tipo de supervisión significativa que exigen estas políticas, como veremos a continuación.

Así las cosas, la cuestión clave es hasta qué punto (y bajo qué circunstancias) la inteligencia artificial contribuye o no a la agencia humana. Y para acotarlo, debemos ser conscientes de los diferentes modos en que esta tecnología se ha adueñado del proceso de decisión humano (en todo o en parte), a base de algoritmos y con una lógica paternalista.

---

191 «AI Act», Comisión Europea.https://digital-strategy.ec.europa.eu/en/policies/regulatory-framework-ai

192 Green, Ben, «The flaws of policies requiring human oversight of government algorithms». *Computer Law & Security Review* 45, num. 105681, Amsterdam, Elsevier, 2022, https://doi.org/10.1016/j.clsr.2022.105681

193 Laux, Johann, Wachter, Sandra, y Mittelstadt, Brent, «Trustworthy artificial intelligence and the European Union AI act: On the conflation of trustworthiness and acceptability of risk», *Regulation & Governance* 18, num. 1, 2024 pp. 3-32. https://doi.org/10.1111/rego.12512

194 Spiegelhalter, David, «Should We Trust Algorithms?», *Harvard Data Science Review* 2, num. 1, 2020. https://doi.org/10.1162/99608f92.cb91a35a

Menús limitados mediante filtros

Dado un *input*, el filtrado de una información es algo cotidiano en todo sistema de tratamiento de la señal. A menudo, cuando un dj está girando efusivamente los *nobs*, lo que está haciendo es filtrar alguna frecuencia de la señal para lograr que la música se escuche excesivamente grave o luminosa. Este filtrado también se emplea en el mundo digital y, con frecuencia, no es evidente para quien usa el servicio.

Nos enfrentamos a este tipo de automatización en nuestras rutinas diarias, cuando usamos redes sociales, buscamos pareja *online* o visionamos contenidos en *streaming*. Puede parecer una intervención menor sobre nuestras decisiones, pero no lo es.

Bajo la premisa de rescatar el contenido que nos interesa entre la masa ingente de material producido, y para retenernos y fidelizarnos, plataformas como TikTok, Twitter (X), Facebook, Instagram, Netflix o, incluso, Tinder, filtran lo que podemos visualizar en sus espacios, a partir de lo que conocen sobre nuestras preferencias o identidad. Este filtrado implica una obvia mediación que ya no nos sorprende ni preocupa, probablemente porque la decisión de utilizar estas plataformas, aprobar sus recomendaciones, etcétera, está en nuestras manos y no en las del algoritmo, de tal forma que sentimos nuestras elecciones autónomas y libres de influencia. Sin embargo, la realidad es que el algoritmo paternalista ha reducido, en este caso en forma de filtro, los platos del menú que se servirá en nuestra mesa.

Por ejemplo, el número de títulos y categorías que Netflix presenta a cada usuario en su página principal es variable, pero siempre es una cantidad muy alejada del total de películas y series que posee: por encima de las 5.000. Es por ello que cientos de páginas de Internet publican códigos para «desbloquear» esos contenidos ocultos y que los usuarios pueden utilizar como palabras de búsqueda en la plataforma, descubriendo así títulos del catálogo inaccesibles. ¿Por qué no permitir un acceso más sencillo a toda la oferta? El motivo no está claro, pero lo cierto es que se trata de una mediación que reduce la autonomía de la clientela. Lo mismo ocurre en redes sociales o en el propio buscador de Google, cuyo algoritmo personaliza los resultados de búsqueda en función de la geolocalización del usuario, del historial de navegación y de otros tantos datos que posee sobre su consumo previo, interviniendo de forma poco transparente sobre su consulta y haciendo que las listas de resultados nunca sean iguales, aunque se utilicen los mismos términos de búsqueda.

Para afinar estos filtrados, los algoritmos acostumbran a crear perfiles individualizados a partir de los datos personales que han obtenido de ellos y del registro de su comportamiento en la plataforma. Un ejemplo de perfilado sería el caso mencionado en el capítulo uno de la periodista francesa Judith Duportail y su investigación acerca de la «puntuación de deseabilidad» de Tinder. Esta métrica interna, que clasifica en función del atractivo y de la probabilidad de obtener coincidencias, supone una limitación del «menú disponible» que se ofrece en cada caso, esto es, una reducción de la oferta bajo la excusa de que todas las candidaturas deben guardar cierta similitud en la puntuación de deseabilidad.

Es importante tener presente que aunque el perfilado se utilice como fuente de verdad de cara a parametrizar el filtrado del contenido, sólo refleja la autopresentación de la persona, no la persona real.

Como señala Gigerenzer en su último libro,[195] «un perfil no es la persona (...). Incluso cuando se utilizan "rasgos de la personalidad" en el perfil, el algoritmo los infiere a partir de autoinformes. Por ejemplo, algunos sitios [de citas] preguntan acerca de atributos como "*sexy*" y "sencillo", o hasta qué punto se es "racional", "obstinado" o "egoísta". ¿Qué decir? Pocas personas son realistas y sinceras cuando anhelan la cita perfecta». Por todo ello, el perfilado, tanto cuando se utiliza como método oculto para reducir la oferta de contenidos, como cuando opera sobre autorrepresentaciones, implica una clara pérdida de autonomía en la capacidad de decisión.

Los filtrados implican además otros riesgos. Unos de los más conocidos son las «burbujas de filtro» (*filter bubbles*)[196] en las redes sociales. Dado que en estas plataformas los algoritmos únicamente sugieren aquel contenido que se alinea con las preferencias previas (bajo la premisa paternalista de filtrar aquello que no coincida con el perfil), las posibilidades de que ampliemos los puntos de vista propios con contenidos alejados de nuestras convicciones se reducen.

Por otro lado, las propias plataformas pueden trasladar, de forma premeditada o no, sus preferencias, creencias y sesgos a su política de filtrado de contenidos, determinando así qué información ganará o perderá visibilidad. Por ejemplo, en el caso mencionado del algoritmo de Tinder, y según la patente de dicha aplicación, se filtran las recomendaciones de forma diferente en función del género: a los hombres se les recomiendan mujeres más jóvenes y con menor po-

---

195 Gigerenzer, Op. cit.
196 Pariser, Eli, *The filter bubble: What the Internet is hiding from you,* Nueva York, Penguin Press, 2011.

der adquisitivo, pero no viceversa.[197] Del mismo modo, Google ha sido recientemente ridiculizado por la tendencia de su inteligencia artificial generativa, Gemini, a sobrerrepresentar la diversidad en la generación de imágenes de personas. Este modelo de inteligencia artificial multimodal (esto es, que permite comprender diferentes tipos de información como textos, imágenes, audios o códigos de programación) fue desarrollado por Google DeepMind para competir con OpenAI y su GPT. Tras su lanzamiento en diciembre de 2023, la empresa tuvo que detener la funcionalidad de generación de imágenes de personas durante varios meses después de que se señalara en redes sociales que Gemini elaboraba imágenes de personas racializadas en contextos históricos de forma sesgada, resistiéndose, por ejemplo, a crear imágenes de hombres nazis blancos, pero no de mujeres o de otras razas.[198]

Elecciones predeterminadas *by default*

El siguiente paso en la automatización de decisiones se produce con las elecciones predeterminadas (recordemos el nudge *default*). Es el caso de la funcionalidad *autoplay* en plataformas de *streaming* como Youtube o Netflix, que por defecto reproducen el siguiente vídeo que la plataforma sugiere sin consultar.

Una variante de este *autoplay*, todavía más entrometida que la visualización no deseada de un vídeo, es el algoritmo de Google Maps, que cambia la ruta en curso en plena conducción (por cuestiones de tráfico, obras o motivos solo conocidos por el algoritmo). La aplicación lanza un aviso y hay que detener la decisión

---

197 Duportail, Judith, Op. cit.
198 Gilliard, Chris, «The Deeper Problem With Google's Racially Diverse Nazis», *The Atlantic*, 26 de febrero de 2024, https://www.theatlantic.com/technology/archive/2024/02/google-gemini-diverse-nazis/677575/

de modificar la ruta activada de forma autónoma por el algoritmo, pinchando en el botón adecuado a la par que se conduce, o la nueva ruta se activará por defecto. Un *modus operandi* paternalista en aras de garantizar audiciones o conducciones más gratificantes y seguras. En el caso de Google Maps, sería cuestionable; en el de Youtube, es directamente falso.

Otro ejemplo de decisiones algorítmicas por defecto nos lo encontramos en los altavoces inteligentes tipo Google Home o Alexa que, de forma predeterminada, escuchan las conversaciones del hogar para identificar palabras clave que los activen. Y si bien las compañías han asegurado que solo graban y comparten con los fabricantes aquellas órdenes directas que les solicitan, no son pocas las denuncias de escuchas que se han saltado dicha política.[199] En 2023, Amazon llegó a un acuerdo con las autoridades de Estados Unidos y pagó una multa de 23,4 millones de euros, tras haber sido acusada por la Comisión Federal de Comercio de haber violado normas de privacidad de menores de edad al recopilar datos sensibles de voz y geolocalización durante años, negando a los progenitores el derecho al borrado.[200]

Para reflexionar sobre las automatizaciones por defecto y mostrar que existen alternativas que permiten mayor agencia humana, elaboramos el prototipo de

---

199 Aguilar, Ricardo, «Cómo de espía es el altavoz inteligente: comparativa de condiciones y escándalos con Amazon, Google, Apple y Facebook», *Xataka*, 17 de noviembre de 2019. https://www.xataka.com/privacidad/como-espia-altavoz-inteligente-comparativa-condiciones-escandalos-amazon-google-apple-facebook

200 Gruenwald, Juliana, «FTC and DOJ Charge Amazon with Violating Children's Privacy Law by Keeping Kids' Alexa Voice Recordings Forever and Undermining Parents' Deletion Requests», Federal Trade Commission, 2023. https://www.ftc.gov/news-events/news/press-releases/2023/05/ftc-doj-charge-amazon-violating-childrens-privacy-law-keeping-kids-alexa-voice-recordings-forever

un dispositivo para tomar el control sobre la escucha predeterminada: Sebastian, el asistente que se hacía cargo del resto de asistentes.[201]

Este prototipo conceptual, aunque enteramente operativo, permitía apagar el altavoz inteligente de Google Home con la voz; una desconexión que se efectuaba de raíz, puesto que Sebastian cortaba la toma de corriente eléctrica al dispositivo de Google. De esta manera, cuando las personas consideraban que su conversación debía transcurrir en la intimidad, se anulaba la decisión de escucha programada por la compañía.

201 Bikolabs, *Sebastian*, 2021. https://bikolabs.biko2.com/collections/sebastian

Soporte y recomendaciones condicionadas

La legislación reciente sobre inteligencia artificial señala nuestro derecho a no ser objeto de una decisión únicamente automatizada cuando ello pueda afectarnos de forma significativa. Así, en decisiones de alto riesgo o impacto, las personas deben supervisar los algoritmos de inteligencia artificial, de tal forma que su presencia opere como salvaguarda y protección frente a las elecciones erróneas o sesgadas del algoritmo.[202]

A este tipo de procesos automatizados que contemplan la intervención humana se los conoce como *human-in-the-loop* [humano-en-el-bucle]. En estos casos, el algoritmo puede desempeñar dos roles diferentes: o bien procesar, resumir y evaluar la información previamente generada por seres humanos para sugerir una decisión; o bien decidir directamente y que la supervisión humana sea puntual.[203] En el primer caso estaríamos hablando de algoritmos de soporte, mientras que en el segundo, que analizaremos en el siguiente apartado, se trataría de los sistemas cuasiautomatizados.

Es probable que el ejemplo de algoritmos de soporte más conocido a nivel mundial sea COMPAS,[204] utilizado en algunos juzgados de EE.UU. para calcular el riesgo de reincidencia y para determinar las condiciones de una hipotética libertad condicional.[205] Al ser

---

202 Green, Ben, Op. cit.

203 Binns, Reuben, y Veale, Michael, «Is that your final decision? Multi-stage profiling, selective effects, and Article 22 of the GDPR», *International Data Privacy Law* 11, num. 4, Oxford, Oxford University Press, 2021, pp. 319–332. https://doi.org/10.1093/IDPL/IPAB020

204 Larson, Jeff, Mattu, Surya, Kirchner, Lauren, y Angwin, Julia, «How we analyzed the COMPAS recidivism algorithm», Nueva York, ProPublica, 2016. https://www.propublica.org/article/how-we-analyzed-the-compas-recidivism- algorithm

205 Angwin, Julia, Larson, Jeff, Mattu, Surya, y Kirchner, Lauren., Op. cit.

de propiedad privada (aunque de uso en el sector público), no permite el escrutinio de sus funciones internas (es, por tanto, una caja negra). Por ello, diversas auditorías externas han empleado ingeniería inversa para asomarse a la lógica de su funcionamiento. En 2016, la agencia de periodismo independiente y sin ánimo de lucro ProPublica consiguió deducir cuáles habían sido los factores ponderados por el algoritmo a partir del indexado histórico de las puntuaciones generadas por el sistema COMPAS, de los antecedentes penales y de la reincidencia de los acusados. Los resultados de la auditoría revelaron que COMPAS solo acertaba en poco más del 65% de sus predicciones y que las puntuaciones de riesgo de reincidencia del algoritmo contenían un claro y doble sesgo racista: por un lado, los acusados negros tenían el doble de probabilidades de ser clasificados erróneamente como de alto riesgo (respecto a la gente blanca acusada); y, por otro lado, los acusados blancos eran clasificados erróneamente como de bajo riesgo más a menudo. El trabajo de ProPublica describe el caso de Brisha Borden, una joven negra de 18 años arrestada por robar una bicicleta y un patinete en la calle, y a la que COMPAS asignó una alta probabilidad de reincidencia (8 puntos sobre 10). En contraste, Vernon Prater, un hombre blanco de 41 años arrestado por robar herramientas de una tienda y cuyo historial criminal era mucho más extenso y grave que el de Borden (incluidos varios robos a mano armada frente a los pequeños delitos juveniles de Borden), recibió una valoración de bajo riesgo de reincidencia (3 puntos sobre 10). El tiempo demostró que COMPAS había fallado en su predicción: Prater volvió a cometer un delito dos años después, mientras que Borden no reincidió.

La justicia española también utiliza sistemas de apoyo a la decisión con una herramienta similar a COMPAS pero con algunas diferencias importantes. El algoritmo en cuestión, llamado RisCanvi, estima el riesgo de reincidencia de la población reclusa en Cataluña y fue ideado para ayudar a criminólogos y trabajadores sociales a seleccionar las medidas de tratamiento más adecuadas. A diferencia de COMPAS, la intervención humana tiene más peso en RisCanvi, puesto que incorpora la supervisión de profesionales, que son quienes introducen y validan los datos que sopesa el algoritmo, y quienes toman la decisión al final del proceso, validando o sugiriendo un cambio sobre la estimación de riesgo facilitada por el sistema.

Aunque desde su implantación en 2009 este algoritmo no ha sido cuestionado públicamente, los informes oficiales disponibles indican que el sistema comete errores. Según los datos de 2014, su capacidad predictiva positiva es del 18%, lo que significa que sólo dos de cada diez presos reinciden tras ser clasificados como de alto riesgo,[206] un porcentaje de acierto francamente pésimo. A pesar de ello, se ha hecho público que los funcionarios estuvieron de acuerdo con las evaluaciones del sistema en un 96,8% de las ocasiones.

En este tipo de algoritmos que ofrecen soporte en las decisiones de alto impacto es fácil pasar por alto su cariz paternalista, debido a que la decisión final recae sobre las personas. Sin embargo, el grado de autonomía de los humanos en un bucle de decisión automatizada está en entredicho por varios motivos. Uno de ellos es el diseño del propio proceso de decisión.

---

206 Garay, Lucía M., «Errores conceptuales en la estimación de riesgo de reincidencia», *Revista Española de Investigación Criminológica* 14, Albacete, SEIC, 2016, pp. 1-31. https://doi.org/10.46381/reic.v14i0.97

En los procesos *human-in-the-loop* con algoritmos de soporte, lo habitual es que los humanos no emitan sus juicios de valor explícitos en ningún momento. Su labor se reduce a confirmar o modificar la evaluación del sistema. Dar por hecho que la decisión humana explícita es innecesaria frente al algoritmo, y que la supervisión humana se reduzca a la validación o modificación de esa decisión automatizada, refleja una política claramente paternalista que, además, no garantiza mayor eficacia o acierto en las decisiones.

Bikolabs, en colaboración con Helena Matute de la Universidad de Deusto, realizó una investigación[207] sobre el impacto del soporte erróneo de la inteligencia artificial. En un par de experimentos, con una muestra total de 410 sujetos, se simuló un proceso de decisión similar al de RisCanvi. Los participantes debían decidir sobre la culpabilidad o inocencia de tres personas acusadas de diferentes crímenes. En uno de los tres casos, y para comprobar la reacción humana ante el error, la IA se equivocaba sin ningún género de dudas. Los resultados de los dos experimentos mostraron que cuando las personas juzgaban a los acusados sin la IA, su veredicto era más acertado; sin embargo, en el momento que recibieron el soporte erróneo de la IA, su acierto disminuyó. Los resultados indican que es peligroso asumir que la supervisión humana de un sistema automatizado de decisión evita los errores y sesgos en las decisiones. Dicho de otra manera: a día de hoy, no está claro cómo debería ser el proceso de interacción entre IA y humanos para evitar que los errores de los algoritmos paternalistas comprometan la decisión final.

207 Agudo, Ujué, Liberal, Karlos g., Arrese, Miren, y Matute, Helena, «The impact of AI errors in a human-in-the-loop process», *Cognitive Research: Principles and Implications* 9, num. 1, 2024. https://doi.org/10.1186/s41235-023-00529-3

La supervisión humana no es la única cuestión problemática en los procesos de decisión con sistemas de soporte. Otra de las cuestiones críticas es el amplio espectro de los usuarios, que va más allá de los agentes encargados de las supervisiones. En RisCanvi, por ejemplo, se ha señalado que las estimaciones de riesgo del algoritmo también influyen en jueces y fiscales a la hora de dictar sus sentencias. O que las evaluaciones resultan una barrera insalvable para la abogacía de la defensa, que desconoce el peso de los criterios ponderados por el algoritmo en la estimación del riesgo de reincidencia de su cliente.[208] Curiosamente, este tipo de problemas derivados de la interacción entre humanos y algoritmos de apoyo a la decisión, son obviados con frecuencia, ¡incluso en las auditorías técnicas!

Cotidianamente, nos encontramos con algoritmos de apoyo con cariz paternalista en formato de recomendaciones, como cuando nos sugieren productos supuestamente ajustados a nuestros intereses en comercios electrónicos, o cuando nos seleccionan contenidos *ad hoc* en medios de comunicación digitales. Un planteamiento propugnado por el solucionismo tecnológico y reforzado por el paternalismo libertario, según el cual las personas tenemos serias dificultades para comportarnos de forma beneficiosa para nuestros propios intereses (esto es, de forma racional), por lo que necesitamos algoritmos que nos orienten.

Intervención humana bajo demanda

Como ya hemos indicado, hay algoritmos paternalistas en procesos *human-in-the-loop*, bien porque den

---

208 Digital Future Society, *RisCanvi (II): ¿Se puede predecir el próximo delito?* [podcast], 2022. Disponible en: https:// digitalfuturesociety.com/ es/podcasts/capitulo-2riscanvi-ii-se-puede-predecir-el-proximo-delito/

soporte a la decisión humana, bien porque los propios sistemas tomen la decisión directamente y sólo haya una supervisión humana de forma puntual o bajo demanda. Actualmente, este último tipo de procesos de decisión, que bien podríamos considerar cuasiautomatizados, se aplican tanto en el sector privado como en el público, en campos como la asistencia social,[209] la justicia,[210] la salud[211] o la educación.[212]

El control automatizado de fronteras está ya presente en los aeropuertos de países europeos, Canadá, Australia o Asia. Este sistema semiautomático utiliza puertas electrónicas, lectores de documentos, barreras físicas y escáneres biométricos para verificar la identidad, comparando el rostro físico real con la documentación adjunta. Los guardias fronterizos encargados de supervisar al algoritmo solo intervienen en caso de avería del sistema o de detección de anomalías.[213] Su capacidad de decisión está claramente reducida, convirtiéndose en meros validadores de la decisión que toma un algoritmo en teoría diseñado

209 De-Arteaga, Maria, Fogliato, Riccardo, y Chouldechova, Alexandra, «A Case for Humans-in-the-Loop: Decisions in the Presence of Erroneous Algorithmic Scores», *2020 CHI Conference on Human Factors in Computing Systems*, 2020, pp. 1–12. https://doi.org/10.1145/3313831.3376638

210 Niiler, Eric, «Can AI Be a Fair Judge in Court? Estonia Thinks So», *WIRED*, 2019. https://www.wired.com/story/can-ai-be-fair-judge-court-estonia-thinks-so/

211 Obermeyer, Ziad, Powers, Brian, Vogeli, Christine, y Mullainathan, Shendil, «Dissecting racial bias in an algorithm used to manage the health of populations», *Science* 366, num. 6464, 2019, pp. 447–453. https://doi.org/10.1126/science.aax2342

212 Duncan, Pamela, McIntyre, Niamh, y Levett, Cath, «Who won and who lost: when A-levels meet the algorithm», *The Guardian*, 13 de agosto de 2020 https://www.theguardian.com/education/2020/aug/13/who-won-and-who-lost-when-a-levels-meet-the-algorithm

213 Digital Future Society, «Hacia una supervisión significativa de los sistemas automatizados de toma de decisiones», 2022. https://digitalfuturesociety. com/app/uploads/2022/11/Hacia_una_supervision_significativa_de_los_ sistemas_automatizados_de_toma_de_decisiones.pdf

para liberarles de las tareas repetitivas, y para poder centrarse en los individuos que señale el sistema. Durante la mayor parte de su jornada laboral, este proceso de decisión cuasiautomatizado ha convertido el trabajo de los guardias fronterizos en una actividad pasiva. Por añadidura, aumenta el riesgo de sufrir sesgo de automatización (*automation bias*): la tendencia a mostrar una conformidad excesiva con las decisiones tomadas por los sistemas automatizados, aun cuando sean erróneas. Este efecto ha sido documentado durante más de dos décadas en dominios tan diversos como la aviación, la atención médica o el ejército.[214]

En 1983, la psicóloga británica Lisanne Bainbridge publicó una investigación sobre el tema señalando las ironías que se producen al automatizar procesos,[215] y que siguen plenamente vigentes 40 años después. Para Bainbridge, la automatización de decisiones implica tres paradojas. La primera, que se automatizan procesos partiendo de la premisa de que los operadores humanos no son fiables y que, por ello, es más aconsejable derivar sus funciones a un sistema. La segunda, que a pesar de todo, los operadores humanos siguen siendo necesarios como supervisores o como actores dentro del proceso de decisión, en concreto en situaciones en las que el sistema sea incapaz de resolver o que no hayan podido ser automatizadas. La tercera, que esta contradicción lleva a una tercera paradoja: esperar que un operador pasivo que no actúa sobre

---

214 Mosier, Kathleen L., y Manzey, Dietricht, «Humans and automated decision aids: A match made in heaven?», *Human performance in automated and autonomous systems*, Florida, CRC Press, 2019, pp. 19–42. https://doi.org/10.1201/9780429458330-2
215 Bainbridge, Lisanne, «Ironies of automation. In Analysis, design and evaluation of man–machine systems», Oxford, Pergamon Press, 1983, pp. 129-135. https://doi.org/10.1016/B978-0-08-029348-6.50026-9

el proceso sino que solo lo supervisa pueda tomar las riendas ante un acontecimiento imprevisto.

Por tanto, y como ya señalaba hace más de cuatro décadas Bainbridge, estos procesos cuasiautomatizados reducen la capacidad de decisión y actuación de las personas, al tratarlas de forma paternalista como eslabones débiles de la cadena. A su vez, la supervisión humana pasa a convertirse en un mero formalismo; se busca únicamente la aprobación del operario involucrado en el proceso de decisión, pero no que lleve a cabo un análisis crítico sobre las medidas (fenómeno conocido como *rubber-stamping*).

A día de hoy, los coches autónomos son la quintaesencia del algoritmo de decisión cuasiautomatizado, porque se aspira a que la intervención humana sólo sea necesaria en caso de riesgo de accidente o ante un fallo del sistema. Un deseo difícil de cumplir, dado que las personas necesitamos entre 10 y 20 segundos para pasar de un estado de reposo a recobrar un control mínimo de la conducción.[216] Probablemente por motivos como este, en mayo de 2024, las autoridades estadounidenses solicitaron a Tesla cambios en el piloto automático de sus coches al considerar que ponía en riesgo a los conductores al devolverles el control del vehículo solo unos segundos antes de sufrir un posible accidente.[217]

Por tanto, en estos procesos cuasiautomatizados puede darse la paradoja de que se haga responsable de

---

216 Por ejemplo, Lu, Zenji, Coster, Xander, y De Winter, Joost, «How much time do drivers need to obtain situation awareness? A laboratory-based study of automated driving», *Applied ergonomics* 60, 2017, pp. 293-304. https://doi.org/10.1016/j.apergo.2016.12.003

217 Kolodny, Lora, «Tesla must provide NHTSA with Autopilot recall data by July or face up to $135 million in fines», *CNBC*, 7 de mayo de 2024. https://www.cnbc.com/2024/05/07/tesla-must-provide-nhtsa-with-autopilot-recall-data-or-face-fines.html

los errores de decisión a la persona, tanto si interviene sobre la decisión algorítmica, como por omitir esta labor. Además, su presencia en calidad de supervisor del proceso puede dar una falsa sensación de seguridad y control (de los posibles errores) que no está respaldada por la evidencia científica.

Autonomía del algoritmo y ausencia humana

La modalidad más extrema del algoritmo paternalista es, sin duda, la automatización total, porque prescindir de los humanos en un proceso de decisión implica asumir que el algoritmo decide mejor en solitario.

El sistema publicitario de Facebook emplea un algoritmo totalmente automatizado. Para maximizar sus objetivos (obtener la mayor cantidad de ingresos con la venta de publicidad) identifica patrones de relación entre datos (temas de interés, etiquetas asignadas a personas usuarias de la plataforma, características sociodemográficas, etcétera), garantizando a las empresas anunciantes un servicio más personalizado y afinado y, por extensión, un beneficio económico potencialmente mayor.

Cuando el algoritmo deriva hacia comportamientos inadecuados, o hasta ilegales, detectarlo o censurarlo no es cosa de la competencia. En 2016, ProPublica denunciaba que el algoritmo publicitario de Facebook permitía ofertas de empleo y vivienda que filtraran (y, por tanto, discriminaran) a su público objetivo en función de la raza. Los anunciantes podían evitar que sus anuncios fueran vistos por personas con «afinidad étnica» afroamericana, asiática-americana o hispana.[218] Lejos de resolver el problema (la eliminación

---

218 «Afinidad étnica» era el nombre escogido por Facebook para dicha categoría de filtro. Angwin, Julia y Parris, Terry, «Facebook Lets Advertisers

de esta funcionalidad llegó dos años y medio después y tras varios procesos legales), el algoritmo publicitario de Facebook volvió a estar en el ojo del huracán en 2017 cuando, en una nueva vuelta de tuerca, permitió que las empresas anunciantes dirigieran su material publicitario a usuarios clasificados por la plataforma como simpatizantes antisemitas que anteriormente se habían interesado por temas como «quemar judíos» o «historia de por qué los judíos arruinan el mundo»,[219] validando un discurso del odio y lucrándose con ello. La (pen)última denuncia contra el algoritmo publicitario de Facebook, de 2021, corrió a cargo de unos investigadores de la Universidad del Sur de California, cuya auditoría externa puso de manifiesto que la empresa ocultaba ciertos anuncios de empleo según el género de la audiencia.[220]

En un contexto más cercano, tenemos la funcionalidad de «reproducción aleatoria» de Netflix (o el botón *shuffle* de HBO Max). Esta aplicación, ya eliminada por la compañía, sugería en la pantalla de selección de perfiles la posibilidad de que el algoritmo escogiera los contenidos a visionar. Cuando se pinchaba en el botón correspondiente, el algoritmo mostraba, de forma supuestamente aleatoria, un contenido cualquiera. Con esta iniciativa Netflix pretendía resolver dos problemas recurrentes en su modelo de negocio: el

Exclude Users by Race», *ProPublica*, 28 de octubre de 2016. https://www.propublica.org/article/facebook-lets-advertisers-exclude-users-by-race

219 Angwin, Julia, Varner, Madeleine, y Tobin, Ariana, «Facebook Enabled Advertisers to Reach "Jew Haters"», *ProPublica*, 14 de septiembre de 2017. https://www.propublica.org/article/facebook-enabled-advertisers-to-reach-jew-haters

220 Hao, Karen, «Facebook's ad algorithms are still excluding women from seeing jobs», *MIT Technology Review*, 9 de abril de 2021. https://www.technologyreview.com/2021/04/09/1022217/facebook-ad-algorithm-sex-discrimination/

exceso de tiempo empleado para la elección del contenido y las dificultades para descubrir contenido ajeno a las recomendaciones personalizadas. Sin embargo, la sugerencia de contenido que hacía Netflix a través de esta funcionalidad tenía poco de aleatoria y mucho de mediada. Según comunicaciones oficiales de la propia compañía,[221] el botón de «reproducción aleatoria» mostraba una serie o película vistas anteriormente, o algo similar, o un episodio de una serie a medio ver. Es decir, la funcionalidad no permitía descubrir contenido realmente diferente del catálogo, en la medida que la recomendación se basaba en visualizaciones anteriores. Una mediación paternalista, poco transparente y que reducía al mínimo la autonomía en la decisión.

El impacto del algoritmo paternalista

Sea cual sea el modo en el que los algoritmos paternalistas dirigen total o parcialmente nuestras decisiones, seguimos conservando cierta sensación de libertad, a pesar de la merma de autonomía y de agencia. Ello podría deberse a que la mediación no es evidente (filtrado en redes sociales) o a que, en ocasiones, los automatismos (*autoplay*) pueden reconducirse o detenerse. Sin embargo, debemos ser conscientes de que se está acotando la capacidad de decisión humana, tanto cuando priman los intereses de la compañía propietaria, como cuando el algoritmo actúa (supuestamente) en nuestro beneficio.

La clave para discernir el grado de injerencia del algoritmo en la autonomía humana no depende sólo del modo de automatización del proceso de decisión, sino también del impacto que dicha automatización

---

221 Comunicación realizada por Netflix en su cuenta oficial de Twitter (28 de abril de 2021): https://twitter.com/netflix/status/1387406467393757188

provoca en las personas. Y no se trata de un impacto unidireccional, mucho menos puntual, sino de un *loop* infinito que implica una reinterpretación constante del mundo.

Olya Kudina, experta en ética de la tecnología, sintetiza esta mediación continua entre personas, tecnología y decisiones con el símbolo de la lemniscata, esto es, del infinito.[222] En su opinión, nuestras visiones del mundo y nuestras decisiones están condicionadas por la tecnología que utilizamos para asomarnos al mundo (en el caso que nos ocupa, por los algoritmos paternalistas). A su vez, tanto el resultado de nuestras decisiones, como el reflejo del mundo que nos devuelve dicha tecnología, afectan a nuestras creencias iniciales.

Pongamos por caso el uso de un altavoz inteligente para que nos resuma las noticias del día y que nos informe de lo que ocurre en el mundo. Deberemos modular nuestro lenguaje de forma que nos entienda (el algoritmo identificará mejor según qué palabras y acentos). Una vez entendida la orden, recabará información, la filtrará y jerarquizará, esto es, intervendrá sobre ella. A continuación, nos la transmitirá mediada, probablemente por medio de una voz femenina sumisa que también modulará el procesamiento e interpretación de esa información. En cada una de estas intervenciones, la tecnología afectará a la manera en que percibimos el mundo y cómo nos comportamos en él.

Al igual que ocurría en el ciclo de vida de los modelos de inteligencia artificial, en los que había una intervención humana constante, los algoritmos van a impactar y mediar en nuestras interacciones con el

---

222 Kudina, Olya, «"Alexa, who am I?": voice assistants and hermeneutic lemniscate as the technologically mediated sense-making», *Human Studies* 44, num. 2, 2021, pp. 233-253. https://doi.org/10.1007/s10746-021-09572-9

mundo como parte de un ciclo infinito. Todo esto se ve muy claro en la funcionalidad «rachas» de la aplicación de mensajería social Snapchat. Dicha extensión recoge el número de días seguidos en los que interactúan dos contactos. Según aumenta la «racha» de conversaciones ininterrumpidas, se incrementa el indicador de amistad, pudiéndose alcanzar distinciones del tipo «Super Mejores Amigos para Siempre» (*SBFF, Super Best Friends Forever*). La aplicación convierte el índice de interacciones entre dos personas en el punto de referencia a partir del cual determinar su grado de amistad. En este caso, la tecnología no solo cambia la forma de interactuar con el mundo (puesto que empuja a mantener una interacción diaria para evitar que el contador de amistad vuelva a cero), sino que el algoritmo, con sus acreditaciones, interfiere sobre la propia intensidad de las relaciones. El uso abusivo de esta funcionalidad (jóvenes mandándose contenido basura a diario para no perder la racha o compartiendo sus datos de acceso con otras personas, para mantener la racha cuando, por el motivo que sea, no pueden entrar diariamente a la aplicación para hacerlo por sí mismos)[223] generó tal revuelo que la compañía ha terminado por permitir que puedan reestablecerse las rachas perdidas.[224]

Como hemos visto, el impacto de los algoritmos paternalistas en las decisiones humanas no depende únicamente del modo de automatización. Es necesario entender que se trata de una mediación de ida y vuel-

223 ABC News, «Experts warn parents how Snapchat can hook in teens with streaks», *ABC News*, 27 de junio de 2017.https://abcnews.go.com/Lifestyle/experts-warn-parents-snapchat-hook-teens-streaks/story?id=48778296
224 Mehta, Ivan, «Snapchat will now let you pause your Snap Streaks», *Techcrunch*, 1 de marzo de 2023. https://techcrunch.com/2023/03/01/snapchat-will-now-let-you-pause-your-snap-streaks/

ta, imparable, y que afecta a nuestra interpretación del mundo, a nuestra autonomía y capacidad de decisión y que, además, lo hace enarbolando la bandera paternalista de que dicha mediación responde a nuestros propios intereses.

Hoy es el futuro

Aunque el título de este libro induzca a pensar que los algoritmos de inteligencia artificial acabarán mandando en un futuro lejano, lo cierto es que ya está ocurriendo, tanto en la cotidianeidad (Snapchat, Tinder, redes sociales en general), como en las políticas sociales trascendentales.

El Gobierno de España ha delegado la adjudicación del bono social de electricidad a un algoritmo (BOSCO), que establece qué personas cumplen los requisitos para acogerse a una subvención en la factura eléctrica. Como ha denunciado la organización sin ánimo de lucro Civio, BOSCO rechaza a personas que tienen derecho al bono social (algunas viudas o familias numerosas) por errores en el diseño del algoritmo.[225] Desde su denuncia en mayo de 2019, la organización está pleiteando en los tribunales para que el Gobierno permita el acceso abierto al código fuente de BOSCO, como un acto de transparencia y como garantía de que el algoritmo carece de errores y sesgos. El caso recuerda a los errores de funcionamiento del algoritmo *TennCare Connect* de Tennessee que, desde su puesta en marcha en 2019, ha denegado fraudulentamente la cobertura de salud y las prestaciones del programa estatal Medicaid a miles de personas.[226]

225 Belmonte, Eva, «La aplicación del bono social del Gobierno niega la ayuda a personas que tienen derecho a ella», *Civio,* 16 de mayo de 2019. https://civio.es/tu-derecho-a-saber/2019/05/16/la-aplicacion-del-bono-social-del-gobierno-niega-la-ayuda-a-personas-que-tienen-derecho-a-ella/
226 Feathers, Todd, «Juez dictamina que un sistema algorítmico de 400

En España, además del sistema RisCanvi para estimar el riesgo de reincidencia de la población penitenciaria en Cataluña, se conoce el algoritmo VioGén, utilizado para predecir el riesgo de que una mujer vuelva a sufrir un episodio de violencia de género a manos de su pareja y determinar, con ello, las medidas de protección. Ambos algoritmos llevan implantados en los procesos de decisión institucionales más de una década y todavía no han sido evaluados por una auditoría externa. Quienes los padecieron y padecen ni siquiera suelen saber de su existencia.

Ante estas políticas de hechos consumados de gobiernos, instituciones privadas y grandes empresas tecnológicas como Google, Amazon, Facebook, Apple o Microsoft, que impulsan en silencio una nueva forma de paternalismo tecnológico, ¿qué deberíamos hacer?, ¿aceptarlas sumisamente o levantar la voz y oponernos?, ¿es la inteligencia artificial realmente existente algo inevitable o somos capaces de imaginar, desear y hacer realidad otros mundos?

Es arriesgado plantear las preguntas y dilemas sobre el futuro de la IA en términos dicotómicos y, seguramente, sería un error discutir su uso en clave de todo o nada, dado que es un planteamiento incompatible con la realidad. Ahora bien, que la tecnología vaya a ser parte indisociable de nuestros procesos de decisión futuros no significa que, como sociedad, deseemos que la IA se despliegue por todos los intersticios de nuestra existencia en formato de algoritmos paternalistas.

Sabemos que los algoritmos no son infalibles ni objetivos y que están lejos de ser la solución a todos

millones de dólares negó ilegalmente los beneficios de Medicaid a miles de personas», *Gizmodo,* 29 de agosto de 2024 https://gizmodo.com/judge-rules-400-million-algorithmic-system-illegally-denied-thousands-of-peoples-medicaid-benefits-2000492529

nuestros problemas. Por consiguiente, resulta poco inteligente dar carta de naturaleza al tratamiento paternalista en procesos de decisión que nos incumban o afecten de forma relevante. Es necesario arrancar una discusión social sobre la conveniencia de su uso en todos y cada uno de los procesos de decisión algorítmicos que se barajen.

El deseable uso de la IA para tareas 3Ds, *Dirty, Dull and Dangerous* [sucias, aburridas y peligrosas] no puede equipararse a establecer las probabilidades de culpabilidad o reincidencia de una persona procesada judicialmente, o las medidas de protección a una víctima de violencia machista. En el caso de las tareas 3Ds, la tecnología nos libra de quehaceres sin valor para que podamos centrarnos en los que son limpios, excitantes, creativos y seguros. En estos casos, la automatización no debería plantearse como un sustituto de las personas ni como la merma de su autonomía de decisión, sino como un aumento de las capacidades humanas. Sin embargo, si la IA va a determinar nuestra capacidad de decisión en ámbitos donde ni siquiera ha habido un debate democrático y transparente sobre su conveniencia (procesos judiciales, protección de víctimas), debemos cuestionar el estilo paternalista de las autoridades que han decidido automatizar esa parte de nuestras vidas sin nuestro consentimiento.

Hoy en día, se cuentan por decenas los casos de automatización de decisiones con cariz paternalista relativas a políticas sociales y, en algunos casos, sus algoritmos no se han cuestionado ni debatido públicamente.[227] Mucho nos tememos que esta falta de debate se debe a que, por el momento, la mayoría de algoritmos paternalistas afectan principalmente a colectivos

227 Eubanks, Virginia, Op. cit.

vulnerables. Pero, una vez aceptada la narrativa de que la inteligencia artificial debería decidir en nuestro lugar (cosa que ya se está haciendo con los sectores más excluidos de las clases subalternas), ¿cuánto tardará en extenderse a los segmentos centrales de la sociedad? Por poner dos ejemplos, ¿cuándo llegará el momento en que la sanidad pública pasará a atender las consultas sobre enfermedades raras de forma automatizada y vía algoritmo paternalista?,[228] o, ¿cuándo será la automatización un filtro generalizado para cualquier consulta médica en el sistema sanitario?

Dado que el dilema sobre si delegar o no las decisiones a la inteligencia artificial es un asunto crucial que nos afecta por igual, y dado que la IA es una realidad en nuestras vidas, es imprescindible debatir cuanto antes sobre cuándo, cómo y dónde debería aplicarse. Porque ni siempre será necesario automatizar los procesos, ni esa automatización debería implicar la aceptación de un enfoque paternalista.

Para abordar esta discusión tenemos que entender en qué procesos políticos, sociales y económicos se insertan las fantasías de la automatización con forma de algoritmos paternalistas. En el siguiente capítulo analizaremos los elementos que han facilitado que dichos algoritmos formen parte de nuestras vidas sin los debates previos imprescindibles y sin ningún tipo de consentimiento.

---

228 Gonzalo, Marilín, «Sermas GPT, la IA de la Comunidad de Madrid para enfermedades raras, aún no ha pasado la validación de un comité médico», *Newtral*, 1 de marzo de 2024. https://www.newtral.es/sermas-gpt-ia-madrid-validacion-sesgos-enfermedades-raras/20240301/

5

CUANDO EL ALGORITMO PATERNALISTA ES OTRA MÁQUINA DEL REALISMO CAPITALISTA

A mayor velocidad, menor reparto de la riqueza

Pensadores de la modernidad como Immanuel Kant, Karl Marx o el propio Charles Babbage compartían la idea de que la técnica, la automatización, surge como forma de satisfacer las necesidades materiales de la humanidad y que es necesaria para el progreso.

Hay dos enfoques posibles: situar el progreso al servicio de la humanidad, o la humanidad al servicio del progreso. Para la mirada optimista, lo decisivo es la humanización del ser humano y la técnica se consideraba un mero instrumento de mejora de la calidad de vida y de fomento de la libertad. Kant afirmaba que «el progreso no es sino la marcha constante hacia la perfección» y consideraba la técnica como un medio para facilitar la moralidad y la libertad.[229] Marx, por su parte, veía en la automatización y en la maquinaria «la forma más adecuada de desarrollo de las fuerzas productivas humanas», aunque advirtió que «en manos

---

229 Kant, Immanuel, *Ideas para una historia universal en clave cosmopolita y otros escritos sobre Filosofía de la Historia.* Madrid, Tecnos, 2006.

del capital, estas fuerzas se convierten en medios de explotación».[230]

Sin embargo, según el otro enfoque posible, hegemónico hoy en día entre las clases dominantes, lo decisivo es el progreso en sí mismo, aunque conlleve un gigantesco coste ambiental, humano, y social.[231] En esa línea, la visión de un progreso prácticamente lineal y continuo forma parte de la fantasía moderna de la automatización y el avance inevitable. Walter Benjamin consideraba que esa concepción del progreso era un constructo basado en la creencia errónea de que la historia avanza de manera «homogénea y vacía».[232] Es decir, esta idea de progreso ve el tiempo como una sucesión continua de momentos sin diferencias cualitativas, donde el presente solo es un punto de paso hacia un futuro que, supuestamente, será mejor. Benjamin contrasta esta visión con su propia concepción de un tiempo «interrumpido y cargado de potencial mesiánico», en el que cada instante puede contener la posibilidad de un cambio radical, un quiebre que abra la puerta a la redención o la transformación. Esta crítica al tiempo lineal y «vacío» es fundamental para cuestionar la propia noción de progreso. Según él, el progreso entendido de esta forma desvincula a la humanidad de su historia y de su capacidad de agencia, ya que convierte el devenir histórico en un proceso mecánico y predeterminado: la intervención humana queda limitada y se convierte en espectadora del inevitable avance hacia un futuro que se promete mejor, pero que en realidad está vacío de significado.

230 Marx, Karl, Op.cit.
231 Toscano López, Daniel, «El bio-poder en Michel Foucault», *Universitas Philosophica* 51, Bogotá, 2008.
232 Benjamin, Walter, «Sobre el concepto de historia», *Obras completas. Libro II/2*, Madrid, Abada, 2005, pp. 303-318.

Encuadrado en lo que se denomina «solucionismo tecnológico»,[233] este progreso no solo recoge la ideología de Silicon Valley,[234] sino que también trae consigo una versión acelerada del propio capitalismo, donde la homogeneidad impide la crítica al propio progreso.

El «solucionismo tecnológico», concepto central en la doctrina de Silicon Valley, se refiere a la creencia de que para cada problema social, político o incluso existencial, cabe diseñar una solución tecnológica adecuada. Según esta ideología, el progreso y la innovación tecnológica no sólo son capaces de resolver estos problemas, sino que deben hacerlo, descartando cualquier otro tipo de solución no tecnológica. La idea central de este planteamiento es que siempre habrá alguien con la inteligencia suficiente como para dar con una herramienta tecnológica que solucione los problemas (Elon Musk como epítome). Este enfoque, envuelto en el aurora solucionista de Silicon Valley, refuerza un progreso que prioriza la eficiencia y la ganancia económica sobre las necesidades humanas.

Con este progreso como telón de fondo, los acontecimientos tecnológicos se agolpan a ritmo de *momentum* cuasi revolucionario. Las nuevas tecnologías hacen promesas audaces a golpe de *hypes* [hipérboles],[235] en un solucionismo que resulta una forma de hacer y que usa la aceleración como potencia. Pero el *hype* es imposible sin esa velocidad de escape, lo que

---

233 Morozov, Evengy. *La locura del solucionismo tecnológico*. Madrid, Clave Intelectual, 2015.
234 Caro Morente, Jaime, «The Silicon (Valley) Doctrine, Las ideologías de las Big-Tech», *El Viejo Topo* 422, 2023, pp. 4-9.
235 Hype, *IT Glossary*, Gratner, 2012. https://www.gartner.es/es/metodologias/hype-cycle

establece, bajo nuestro criterio, una clara relación entre solucionismo y aceleracionismo.[236]

El aceleracionismo es un término no exento de controversia, actualmente cercano al discurso neoliberal, y respecto del que diversos autores (izquierdistas incluidos) han realizado interpretaciones incompatibles. El «aceleracionismo eficaz»[237] neoliberal propone que en la era tecnológica capitalista, las fuerzas de la innovación (en esas guerras por la innovación permanente) deben explotarse al máximo, para impulsar un cambio social radical, aunque ello suponga trastocar por completo el orden social. Es un aceleracionismo que recuerda la salvación deseada por la automatización que mencionábamos en el capítulo uno, pero que aparece también en el propio *Manifiesto comunista*: «Durante las crisis, una epidemia social, que en cualquier época anterior hubiera parecido absurda, se extiende sobre la sociedad: la epidemia de la superproducción. La sociedad se retrotrae súbitamente a un estado de súbita barbarie».[238]

Los defensores de esta corriente creen que la tecnología y el libre mercado, que llaman «tecnocapital», están acelerándose a una velocidad incontenible. Nick Land, uno de sus precursores, ironiza al respecto: «Los osos polares se están ahogando, y no hay nada que podamos hacer al respecto».[239]

---

236 VV AA, *Aceleracionismo. Estrategias para una Transición hacia el Postcapitalismo*, Buenos Aires, Caja Negra, 2017.
237 «Aceleracionismo eficaz», En *Wikipedia* https://es.wikipedia.org/wiki/Aceleracionismo_eficaz
238 Marx, Karl, Engels, Friedrich, *Manifiesto comunista*, Madrid, Alianza, 2011.
239 Avanessian, A. y Reins, M., «Manifiesto por una política aceleracionista» en Williams, Alex, y Srnicek, Nick (ed.), *Aceleracionismo. Estrategias para una transición hacia el postcapitalismo*, Buenos Aires, Caja Negra, 2017, pp. 8-16.

En esta última década, hemos vivido varios de estos aceleracionismos efectivos, microrrevoluciones que impactan en el imaginario, pero que lo hacen tan efímeramente que su huella es difícil de evaluar cuando miramos hacia atrás. Hemos vivido supuestas revoluciones como la industria 4.0 (fábrica completamente automatizada y desaparición del trabajo como tal), las criptomonedas (entidades descentralizadas que gestionan las masas monetarias), los NFTs (según se dice implican la refundación del arte), el metaverso (desdoblamiento en la dimensión virtual), etc. Ahora se afirma que el último *hype* de la inteligencia artificial generativa transformará nuestra producción intelectual; una IA capaz de dirigir coches autónomos, solucionando los problemas globales del tráfico. ¿Qué fue de aquellos vehículos autónomos que iban a decidir cuántos peatones atropellar antes de matar a sus ocupantes en una colisión frontal inminente?[240]

En este progreso al margen de las necesidades humanas, el aceleracionismo dispara los flujos del capital pero no las rentas del trabajo. La rentabilidad de los ciclos de acumulación, cada vez más cortos, asociados a estos procesos tecnológicos del capitalismo, muestra un estancamiento sostenido en la tasa de crecimiento de la productividad industrial, a nivel mundial, desde finales de la década de los sesenta. Resulta aventurado afirmar que el descenso en la tasa de crecimiento industrial sea debido a la introducción desbocada de innovaciones tecnológicas.

Posiblemente, y como comenta Aaron Benanav en *La automatización y el futuro del trabajo*, la crisis se

240 Awad, Emond, Dsouza, Sohan, Kim, Rrichard et al., «The Moral Machine experiment», *Nature* 563, 2018, pp. 59–64. https://doi.org/10.1038/s41586-018-0637-6

deba más bien a una sobreproducción global que implica también al sector tecnológico. Al sistema capitalista le sobran trabajadores, y puede que esta sea la razón subyacente del éxito creciente de los discursos del aceleracionismo de corte neofascista a lo Nick Land.

Desde nuestro punto de vista, el algoritmo paternalista emerge y opera al calor de esta versión del progreso, colocando a la humanidad al servicio de un progreso técnico y automatizado. Como hemos visto en el capítulo cuatro, esta urgencia contínua que promueve el aceleracionismo es, en parte, una construcción diseñada tanto por el propio ritmo de la innovación tecnológica como por la arquitectura de la decisión. La arquitectura de la decisión, sea política o algorítmica, no es neutral; está configurada para guiar y limitar las opciones disponibles, favoreciendo soluciones que se alineen con los intereses del capital. El aceleracionismo, en su impulso hacia la maximización de la innovación y la eficiencia, se convierte en una condición necesaria para el funcionamiento del algoritmo paternalista, que opera dentro de esta estructura diseñada.

La máquina ideal para el realismo capitalista

Partiendo del aceleracionismo, el gólem del algoritmo paternalista se propaga sin rémoras deontológicas. En el contexto del capitalismo, como modelo productivo hegemónico, juega un rol crucial al facilitar la cesión de nuestra capacidad de decisión a los sistemas automáticos. Estos algoritmos se inscriben tanto en la superestructura como en la infraestructura de la sociedad, articulando el poder en diferentes niveles.

En cuanto a la superestructura, los algoritmos se insertan a gran escala, lo cual incluye instituciones estatales, leyes, políticas gubernamentales e ideologías. Aquí el poder se manifiesta a través de los grandes sistemas —legal, sanitario, educativo, policial— en los que la automatización y los algoritmos actúan como dispositivos para el dominio disciplinario, como señalaba Michel Foucault. También para un control que se ejerce a través de su capacidad para registrar, clasificar y ordenar la complejidad, transformando así la organización del orden social.[241]

Por otro lado, y respecto a la infraestructura, que incluye la economía y lo que Foucault denomina biopoder, los algoritmos influyen directamente en las prácticas cotidianas y micropolíticas.[242] A este nivel, las relaciones de poder se desarrollan de manera más localizada e individual, afectando a las formas en que el poder se manifiesta y reproduce en las interacciones personales, en las prácticas institucionales diarias y las normas sociales. Es aquí donde el algoritmo paternalista interactúa con nuestra autonomía y capacidad de elección, controlando no sólo nuestras decisiones económicas, sino también los aspectos más íntimos de nuestra vida social, como las conductas. El caso de «Super Mejores Amigos para Siempre», de Snapchat, es buen ejemplo de ello.

En la sociedad capitalista, la automatización se integra perfectamente en un modelo acelerado donde nuestras vidas son puestas en relación en unos planos, social e íntimo, donde los algoritmos paternalistas son clave. En lugar de las grandes narrativas de progreso humanista de la modernidad, que veíamos al principio de este capítulo, el capitalismo ha evolucionado

241 Foucault, Michel, *Historia de la sexualidad: 1- la voluntad de saber*, Madrid, Siglo XXI, 2024.
242 Guattari, Felix y Rolnik, Suely, *Micropolítica: Cartografías del deseo*, Madrid, Traficantes de Sueños, 2006.

desmantelando las estructuras sociales tradicionales, reemplazándolas por el individualismo radical. En palabras de Thatcher, «la sociedad no existe; existen los individuos y las familias». Este proceso ha dado lugar a un nuevo tipo de sociedad cuyas dinámicas del mercado dominan la economía, la política y las relaciones sociales. La lógica del capitalismo (o neoliberalismo) ahora desde el aceleracionismo, se ha integrado de tal manera en las instituciones y en la vida cotidiana de las personas que ha generado una realidad en continuo estado de emergencia, y con una necesidad constante de adaptación y competitividad. Esto ha llevado al aceleracionismo a un lugar donde hay que explotar al máximo las fuerzas del mercado y la innovación tecnológica. Una visión del modelo productivo sin deontología posible y que nos lleva a la aceptación del individualismo y a la pérdida de la razón.

Además, el algoritmo paternalista fomenta la proliferación de discursos dicotómicos,[243] los cuales resultan necesarios a su vez para la ideología solucionista. Son narrativas que simplifican la complejidad de la realidad en términos binarios y opuestos, fomentando una polarización que achica el espacio al matiz y la problematización del pensamiento crítico. Al respecto, Theodor Adorno argumentaba que «el pensamiento dicotómico es una trampa del sistema que divide y simplifica para dominar, reduciendo lo complejo a pares opuestos».[244] Aquí es donde opera esa ambivalencia de un progreso capitalista que, como aclara Paolo Virno, no es una simple fuente de incertidumbre o contradicción, sino también pura potencia intrínseca

---

243 Martín Camacho, Javier, «Pensamiento dicotómico Lic», Cambridge, MIT Press, 2002.

244 Adorno, Theodor W., *Dialéctica negativa. La jerga de la autenticidad*, Madrid, Akal, 2005.

que genera nuevas posibilidades y formas de acción. Esta ambivalencia se manifiesta en la tensión entre la innovación acelerada y la precariedad que genera. Operando dentro de esta estructura ambivalente, el algoritmo paternalista no sólo refuerza la lógica del capitalismo acelerado, sino que la explota reforzando su influencia y control.

Diseño tecnológico sin deontología posible

En la película de ciencia ficción *Nivel 13*, la tecnología permite unir mundos virtuales con futuros posibles.[245] En un momento dado, los protagonistas buscan los límites de su mundo acelerando un coche hasta llegar a la última frontera, que resulta ser un *grid* virtual y no la carretera física por la que circulaban.

En el sector tecnológico actual vamos en un coche que se acelera continuamente, incapaces de gestionar los escenarios y consecuencias derivados de la propia tecnología. ¿Cómo protegemos a las personas de la automatización, de toda esa tecnología de producción, a la vez que les damos la libertad para elegir y para poder escapar del empujón sin dejar, por ello, de buscar el impacto deseado? En el capitalismo acelerado no se puede. La velocidad impide imaginar un *a priori* que permita poner a lo humano por delante de un progreso que explota las vulnerabilidades psicológicas desde la propia automatización y desde los algoritmos paternalistas.

Es esencial entender que la deontología no puede aplicarse en el diseño tecnológico de la misma forma que en el diseño de otras prácticas. Ninguna profesión creativa, y menos las relativas al diseño tec-

---

245 Rusnak, Josef, (Director), *Nivel 13* [Película], Los Ángeles, Columbia Pictures, 1999.

nológico, tiene una deontología, porque no pueden anticipar el buen resultado de su práctica.[246] En general, la deontología busca proteger al profesional de las consecuencias imprevistas de sus acciones, a partir de principios que guíen su práctica. En ámbitos como la medicina o el derecho, el código deontológico protege a quienes ejercen la profesión a través de normas específicas consideradas éticamente correctas, independientemente de los resultados finales.

La deontología niega la teleología en las decisiones morales. Por eso nos sorprendemos cuando se tornan oscuras las causas finales de ese progreso convertido en un fin en sí mismo. Como Facebook con su sistema publicitario que genera categorías discriminatorias de forma autónoma, su botón «Me gusta», o el escándalo de Cambridge Analytica.

En algunas profesiones creativas (diseño gráfico, experiencia de usuario, publicidad, escritura) anticipar un *buen resultado* es inherentemente subjetivo y contextual. Una diseñadora gráfica puede crear una campaña publicitaria visualmente efectiva que, no obstante, refuerce estereotipos perjudiciales. En estas profesiones, el éxito o el *buen resultado* no siempre pueden ser anticipados en ese *a priori*, ya que están relacionados con un conjunto de factores sociales, culturales y éticos difíciles de prever. El diseño tecnológico es particularmente excepcional en este contexto; su interés sin fisuras por la eficiencia y la optimización/automatización devora las condiciones previas que originaron la acción.

El *affaire* de Cambridge Analytica ilustra a la perfección cómo el diseño tecnológico puede desviarse de

---

246 Montero, Luis, *El diseño de nosotros mismos. Una lectura filosófica del diseño,* Madrid, Experimenta, 2020.

cualquier consideración deontológica (y ética). En este caso, el diseño de algoritmos avanzados y la explotación de grandes volúmenes de datos no buscaban un resultado ético, sino maximizar el impacto de una manipulación eficiente en plena campaña electoral. Esta ausencia deontológica en el diseño se debe a que los profesionales tecnológicos, impulsados por el aceleracionismo y por el solucionismo tecnológico, sucumben a la ideología de una eficiencia siniestra que ataca los pilares del *laissez faire* (el axioma liberal por excelencia), lo que a su vez desdibuja cualquier consideración sobre las consecuencias morales o éticas.[247] Aquí el «Si no lo hago yo, lo harán otros», la máxima utilitarista de la ideología de Silicon Valley, imposibilita ese *a priori*, esa deontología, y por encima de ese utilitarismo está la imposibilidad de prever las consecuencias del propio diseño.

Por eso, las buenas intenciones del paternalismo libertario de Sunstein y Thaler, aplicadas a la automatización algorítmica, chocan con el principio de libertad que dicen proteger. El interés por la eficiencia, por encima del propio diseño y de la propia deontología, se impone a la libertad de decisión, provocando una gama de modelos que va desde la delegación humana en el algoritmo hasta la automatización total.[248] Sin deontología posible, el algoritmo paternalista encaja en el solucionismo acelerado. Es decir, la racionalidad y la toma de decisiones humana son relegadas y pierden protagonismo.

---

247 Zuboff, Shoshana, *The Age of Surveillance Capitalism: The Fight for a Human Future at the New Frontier of Power,* Nueva York, PublicAffairs, 2019.
248 Mosier y Manzey, «Humans and automated decision aids», 2019. https://doi.org/10.1201/9780429458330-2

De la racionalidad limitada a la pérdida de la razón

En el capitalismo acelerado actual, la inteligencia artificial y sus algoritmos paternalistas se enfrentan a un problema que no resolveremos en este libro pero que consideramos necesario mencionar: ¿dónde queda la razón después de todo? El paso del *homo economicus* a la racionalidad limitada que defiende el paternalismo libertario es un proceso político en el que cristaliza la duda sobre la racionalidad humana, que se suple con automatizaciones y sin deontología posible.

Esta cuestión es crucial, ya que refleja un cambio en la percepción de la razón humana, que antes era central en la organización social y política, y que ahora es desafiada por la creciente autonomía de las máquinas y por la nueva subjetividad que generan. La razón humana ya no es motivo de orgullo como en la modernidad, sobre todo en la Ilustración, cuando esta autonomía racional era capaz de proponer normas universales. Como enuncia el imperativo categórico de Kant, la razón enuncia la posibilidad de autosometernos a una ley moral previa a toda acción del sujeto. Así, la libertad sería una suerte de autodeterminación del sujeto que, paradójicamente y, según este principio categórico (mediante el sometimiento, con sus leyes particulares, con sus máximas morales), alcanzaría el rango de estatus universal para, de esta manera, producirse *a priori*.

En este *a priori*, prácticamente imposible en el diseño tecnológico, el progreso se sitúa ahora por debajo de la razón. Pero esta idea, muy desarrollada durante la Ilustración, está hoy en día completamente cancelada: el argumento de que la técnica y la automatización surgen como forma de satisfacer las necesidades materiales de la humanidad y para su bienestar (el humano por delante del progreso) ha periclitado.

Ahora la razón está delimitada, además de mediada por los algoritmos. En parte, de hecho, son estos algoritmos los que configuran las arquitecturas de decisión. Conforme la inteligencia artificial asuma mayor rango de posibilidad, la capacidad para validar nuestra razón irá disminuyendo. La inteligencia artificial, al integrarse en sistemas que toman decisiones que antes estaban reservadas exclusivamente a los seres humanos, asume un papel central en la vida cotidiana y en las decisiones críticas. A medida que confiemos cada vez más en estos sistemas automatizados para resolver problemas complejos (diagnósticos médicos, finanzas, política), iremos delegando no solo las tareas más rutinarias sino también las que requieran de un sofisticado y ético juicio crítico.

Todo ello conduce a una situación donde disminuye la capacidad humana para ejercer y validar su propia razón porque tiende a aceptarse que las decisiones de la IA son más objetivas y racionales y, por tanto, superiores. Este fenómeno, conocido como «efecto palabra de máquina», que veíamos en la introducción, muestra cómo las personas tienden a confiar en las decisiones tomadas por algoritmos, incluso cuando no comprenden los procesos subyacentes.

El algoritmo paternalista y el proceso de subjetivación

Para que el capitalismo haya mutado hasta producir una realidad tecnológica en la que puedan operar los algoritmos paternalistas, nuestra propia forma de vernos en el mundo ha tenido que adaptarse al mismo: ha sido necesario un proceso de subjetivación, es decir, la transformación de las ideas y argumentos que atraviesan a las personas y que las dotan de una singularidad propia.

El proceso de subjetivación es una red compleja compuesta por los discursos, prácticas, modelos y estímulos a los que accede la persona y cuya síntesis le permite reconocerse a sí misma y a su realidad. Dicho proceso convive ahora con un modelo productivo acelerado y con una máquina que se ve inteligente a sí misma, y que es indisoluble de determinadas representaciones cognitivas y de pensamiento; es decir, indisociable de modos de ver e interpretar lo que ocurre en la propia vida y alrededores. La máquina atraviesa nuestra manera de posicionarnos y actuar ante una vida ahora indisoluble de la máquina, del algoritmo.

Félix Guattari y Suely Rolnik exploran la subjetividad no como un estado fijo o esencial de la individualidad, sino como un proceso dinámico en un cambio constante. Según ellos, se forma a través de una «cartografía del deseo»,[249] es decir, por medio de un mapa complejo de deseos, afectos, relaciones de poder y estructuras sociales que conforman el modo en que los individuos se perciben a sí mismos y actúan en consecuencia. Este proceso de subjetivación es micropolítico en tanto en cuanto se desarrolla en lo cotidiano, en los pequeños gestos, las interacciones diarias y los flujos de deseo que atraviesan a las personas. En este sentido, los discursos, las prácticas sociales y los medios de comunicación juegan un papel fundamental en la formación de la subjetividad.

Guattari ya avanzó, en sus trabajos sobre la «máquina» y los «agenciamientos maquínicos», que las tecnologías no son herramientas neutras, sino que tienen una agencia propia que afecta a la subjetividad

---

249 Guattari, y Rolnik, Op. cit.

humana. Cuando los algoritmos y las inteligencias artificiales participan en nuestras decisiones y moldean nuestras interacciones con el mundo, se convierten en actores centrales del proceso de subjetivación. En esta forma de subjetivación, la máquina no solo participa sino que co-construye nuestra percepción de la realidad y de nosotros mismos. La «estrategia de subjetivación» a través de la tecnología neoliberal alinea los deseos y comportamientos de los individuos con los objetivos generales del capitalismo.

Desde la pandemia, y gracias a la transformación digital, el anhelo de la automatización ha devenido inteligente, con agencia, dentro de nuestro bolsillo y acariciando nuestras pulsiones más libidinales; esto es, con la inteligencia necesaria para alimentar esa máquina que el nuevo capitalismo acelerado necesita. Así, este proceso de subjetivación tecnológica puede entenderse como una forma de «micropolítica», donde lo cotidiano, lo afectivo y lo subjetivo son modelados por fuerzas que incluyen, ahora, a inteligencias artificiales y algoritmos.

En resumidas cuentas, los algoritmos y sus «inteligencias» no son más que otro mecanismo específico para la acumulación en esta etapa capitalista. En este marco, la estrategia de subjetivación, de relación con el otro y de creación cultural, adquiere una relevancia definitiva al insertarse en el principio que rige la versión actual del capitalismo.

Eterno retorno al presente en un mundo clausurado y deflación de la conciencia

En el actual capitalismo acelerado mediante el procesamiento de flujos (sociales, de producción, íntimos), los algoritmos paternalistas absorben buena parte de las contradicciones que genera nuestra época. Por un lado, el neoliberalismo prioriza las políticas individualistas, de tal forma que el sujeto aislado y sus formas de deseo ordenan el sistema productivo. Pero, por otra parte, todo lo anterior necesita, como mínimo, de ajustes finos en dos ámbitos: el propio diseño tecnológico y las políticas sobre la ideología del paternalismo libertario. El individuo es el centro, pero recoge unas contradicciones que se registran, clasifican y gestionan mediante un diseño de máquina con algoritmos.

Como ya hemos dicho, y de acuerdo con Guattari y Deleuze a propósito del proceso de subjetivación, estas máquinas no son simples dispositivos tecnológicos, sino que actúan como «máquinas deseantes».[250] Son sistemas que organizan y canalizan los deseos humanos dentro del capitalismo. ¿Es posible una mutación que haga que los algoritmos paternalistas asuman el rol de máquinas deseantes? No es inimaginable que gestionen y controlen los deseos individuales para mantener y perpetuar un sistema, el actual, donde el individuo y su subjetividad sean simultáneamente objeto y sujeto de explotación de sus propios deseos. Pero, ¿cómo hemos llegado a aceptar esta máquina? O, dicho de otra manera, ¿para qué estas máquinas?, ¿para qué estos algoritmos paternalistas?

Para cimentar el realismo capitalista. Fisher habla de ello en su libro homónimo, en el que compara nuestra realidad (cultural, económica y política) con la película *Hijos de los hombres* de Alfonso Cuarón. El largometraje presenta un futuro distópico en el que la humanidad ha perdido la capacidad para reproducirse, lo cual provoca angustia existencial y un auge del autoritarismo, a la par que la decadencia generalizada de la

---

250 Deleuze, y Guattari, Op. cit.

especie. Ya no hay niños ni jóvenes, nos extinguimos. Para Fisher, el subtexto de la película nos aboca a la siguiente pregunta: ¿cuánto tiempo puede subsistir una cultura sin el aporte de lo nuevo? O, adaptado a nuestra coyuntura, ¿qué ocurre cuando las nuevas generaciones de la especie son incapaces de producir sorpresas, de generar cosas genuinamente nuevas?

Estas dudas de Fisher conectan directamente con el impacto de las inteligencias artificiales generativas y la decadencia de los contenidos futuros. En su opinión, la posmodernidad es en realidad un *impasse* cultural en el que no hay innovación ni contracultura, sólo revival y pastiche. Nada pasa, todo es un infinito juego de permutaciones, una eterna regurgitación de la cultura del siglo XX (en formato 4k y accesible desde el móvil). No hay posibilidad de diferencia o vínculo cultural con un momento histórico que resulte distinguible. Los algoritmos inteligentes, especialmente los generativos, alimentan una máquina infinita.

A diferencia de otros momentos y de las expectativas de automatizaciones pasadas, vivimos un presente continuo, desvinculado del pasado, y en el que el futuro (o la posibilidad de futuros alternativos) está cancelada. Los jóvenes han abandonado su papel en la innovación cultural y política. Quienes, casi por definición o de forma ontológica, protestaban e imaginaban alternativas, ya no lo hacen. El discurso tecnooptimista se asemeja más a una versión descafeinada de lo *yuppie* que a la irreverencia punk.

La distorsión del tiempo y la sociología juvenil son dos caras de la misma moneda. En el realismo capitalista el sistema es irreversible e indestructible, y todo el mundo ha asumido que lo que hay no puede organizarse de otra manera. Fisher se refiere a ello en términos de deflación de la conciencia, en el sentido de que no vamos por ahí pensando que no hay alternativas al capitalismo sino que, simplemente, entendemos que esto es así y que no hay otras posibilidades: es hasta deprimente intentar imaginar otra cosa, otro futuro.

Establecer una conexión entre el algoritmo paternalista y la deflación de la conciencia podría parecer excesivo, pero en realidad responde a una dinámica subyacente fundamental de la sociedad contemporánea. La deflación de la conciencia, en tanto que aceptación resignada del capitalismo como único sistema viable, es un estado mental cuya capacidad para imaginar alternativas está erosionada. Y esta resignación no es un truco o fenómeno psicológico, sino que está profundamente enraizada en las estructuras materiales y tecnológicas que configuran nuestro día a día, donde los algoritmos juegan un papel crucial.

El algoritmo paternalista, al asumir decisiones que antes correspondían exclusivamente a los seres humanos, refuerza esta deflación de la conciencia al diluir nuestra autonomía en la comodidad de la automatización. Cuando delegamos elecciones en algoritmos que filtran y priorizan la información que consumimos, cuando deslizamos el *scroll* infinito en Tiktok, o cuando una niña de 12 años nos cuenta cómo se hace su *skin care routine* anti-envejecimiento, tenemos que asumir que algo profundo está pasando. No solo se simplifican nuestras decisiones cotidianas, sino que también se limita nuestra exposición a ideas y contenidos que podrían desafiarnos. La selección algorítmica, guiada por nuestras máquinas deseantes, perpetúa un ciclo de autoafirmación y conformismo que refuerza el realismo capitalista.

La deflación se acentúa cualitativamente a través del diseño mismo de las plataformas algorítmicas, que están construidas para mantenernos en un estado de constante distracción y entretenimiento. Y cuantitativamente: la influencia del algoritmo paternalista se manifiesta en la forma en que estos sistemas recopilan y analizan grandes volúmenes de datos sobre nuestros comportamientos. A medida que los algoritmos se vuelven más sofisticados, su capacidad para predecir y moldear nuestras decisiones crece exponencialmente, maximizando nuestra conformidad y consolidando la palabra-máquina.

Como decíamos al final del capítulo cuatro, se necesita un debate profundo donde podamos situar qué visión del progreso queremos, pero también qué futuro queremos. Nuestro análisis se aleja de las dicotomías. Nos gustaría tener una propuesta clara pero sabemos que, en este punto, ello formaría parte de la fantasía de la automatización. En todo caso, sirva este libro para señalar un debate hoy por hoy inexistente: el desquiciado capitalismo imperante, junto con la aceptación de la limitación humana a la hora de razonar (alimentada por el paternalismo libertario), son la antesala de un progreso donde los algoritmos paternalistas decidirán y mandarán, sin garantías ni procesos democráticos.

En plena fase de inmersión en el realismo capitalista y, a pesar de que cada vez delegamos más decisiones en los sistemas basados en la inteligencia artificial, sostenemos que, sin ningún género de dudas, las decisiones finales siempre deben recaer en los seres humanos. Siempre. Pero hace ya un tiempo que no es así. La IA decide y, si no logramos revertir la inercia mientras encontramos una alternativa, este realismo nos arrojará a un agujero cada vez más profundo.

AGRADECIMIENTOS

Durante los últimos años, hemos intentado entender cómo la tecnología atraviesa nuestras vidas. Este ensayo recopila parte de esa investigación.

Queremos agradecer y compartir nuestra autoría con quienes hicieron posible el nacimiento del laboratorio Bikolabs, así como su evolución y sostenibilidad en el tiempo. Son muchas las personas que han participado en algún apartado de este trabajo: Silvia, que hizo la primera guía y creó la mayoría de las imágenes; Daniela que nos propuso plasmar las reflexiones en papel; la Nave, que acogió su presentación pública; Helena, Carmel, Carlos del C., Naiara, Ariel, Txo, y tantos otros que contribuyeron al crecimiento de Bikolabs. Por último, y especialmente, Diego, que creyó en el proyecto desde el inicio y permitió su autonomía sin cortapisas.

Tampoco queremos olvidarnos de la gente más cercana. Por mi parte, Karlos, quiero dejar constancia de mi gratitud a Miren y Aitor, por la compañía en viajes y paseos; a Leia, siempre intentando entenderlo todo; a Aritz, porque todo empezó en Orión. A la ama y a mis hermanas.

En cuanto a mí, Ujué, estoy en deuda con quienes os habéis prestado a ser cobayas, a aguantar discursos incomprensibles e interminables, y a arroparme de manera incondicional. Y no puedo dejar de nombrar a la familia biológica y a la escogida. Gracias por estar siempre tan cerca.